창의 · 융합적 놀이를 통한

영유아음악교육

한 규 령

창지사

머리말

21세기는 창의·융합 교육의 시대이다. 그동안 영유아교육은 삶 속에서의 교과 간 통합교육을 강조해 왔다. 음악교육 분야에서도 자연스러운 놀이로 표출되는 음악 활동을 통해 아름다움을 지각하고 표상하고 감상하면서 창의적 인재로 성장하는 토대를 마련해 왔다.

본서는 영유아들과 함께하는 예비교사, 현장교사, 부모들에게 도움을 주고자 기획되었다. '무엇을 가르쳐야 하는가?'라는 교육에서의 화두는 당연 영유아가 원하는 삶은 무엇인가에 대한 영유아 중심 교육에서 출발하여야 된다고 본다. 영유아의 다양한 흥미와 관심은 음악 속에 그대로 녹아 있다. 독립된 예능교과가 아닌 교과 간 융합을 통해 영유아의 음악적 삶을 들여다볼 때 비로소 가장 아름답고 귀하며 가장 재미난 삶의 소중한 의미들이 자연스럽게 교육과정으로 스며들게 된다. 음악교육과정은 다분히 융합적이며 창의적이다. 상황과 맥락 중심으로 의미들을 나누는 과정은 그 자체로 상상력과 문제에 대한 지각과 해결, 유창성 등 창의적 요소가 풍부한 놀이로 발현되므로 창의적이고 융합적인 음악 활동 내용과 방법을 담아 본 저서를 집필하고자 노력하였다.

특히, 예비교사들을 지도했을 때 저자가 느꼈던 점과 그들이 어려워했던 점을 본서에 담고자 하였다. 발문의 어려움으로 프로그램 구성에 부족함을 느낀다는 예비교사, 영유아의 발달 단계에 따른 스토리텔링을 어려워하는 예비교사를 지도하는 과정에서 그들이 말하는 생생한 소리를 여과 없이 그대로 본서에 실었다.

본서는 영유아음악교육 전반적인 내용을 포함하여 총 10장으로 구성되어 있다. 각 장은 창의·융합적인 이해를 돕고자 이론과 실제 수업 사례를 연계하여 설명하였으며, 마지막 10장에는 동요 50곡을 엄선하여 실음으로써 노래를 부르고 곡을 이해하면서 영유아의 세계와 친숙해질 수 있도록 하였다. 특히, 3장의 내용은 마지막 주차 강의 시 한 학기 동안 학습한 내용을 통찰하는 의미로 활용될 수 있음을 참고하기 바란다.

본서의 구성은 다음 세 가지의 특징을 지닌다.

첫째, 각 장의 교육내용이 수업에 적용될 수 있도록 상세히 기술하였다.

둘째, 영유아 발달과 삶 안에서 펼쳐지는 교사와 영유아 간 언어적 상호작용, 즉 발문, 스토리텔링 등 사례들을 통하여 교사와 부모들이 더 쉽고 재미있게 내용을 이해할 수 있도록 접근하였다.

셋째, 창의적이고 융합적인 음악프로그램에 대한 이해를 도모하고자 활동계획안을 수록하였으며, 생각 모으기 내용과 수정해 나가는 과정을 차시별로 제시하였다.

본서가 유아교육 현장의 실제 수업내용이 더욱 도약하는 데 활용되어 영유아 발달과 삶 중심의 음악놀이의 안내자가 되었으면 한다. 또한, 예비교사에게는 프로그램 구성의 효율성을 높이고 현장교사에게는 유능성과 전문성을 향상시키는 계기가 되길 바라며, 영유아 자녀를 둔 부모에게는 다양하고 의미 있는 음악놀이를 즐길 수 있는 자료로 활용되길 기대해 본다.

한 권의 책이 나오기까지 많은 분들의 도움이 있었으며, 이 자리를 빌려 감사의 뜻을 표한다. 평생 기도로 응원해 주시는 부모님, 학부에서부터 영유아교육의 귀함을 일깨워 주시고 격려해 주신 이은화 교수님 그리고 구성주의의 생생한 의미를 가슴으로 받아들이고 반성reflective thinking 속에 성장하도록 이끌어 주시는 문미옥 지도교수님께 감사드린다. 특히, 저자의 영유아음악교육 강의에 열정으로 참여해 준 백석대학교 유아교육과 제자들에게 뜨거운 사랑의 마음을 전한다. 또한, 창지사의 김기섭 대표님과 임직원 여러분께도 감사드린다.

평생 교직에 몸담으며
영유아의 삶 안에서 동행할 수 있도록
허락된 특권에 감사드리며

2019년 8월
저자 **한 규 령**

차 례

1

영유아음악교육의 이해

영유아음악교육은
영유아의 삶을 중심으로
영유아와 교사, 부모가 함께 즐기는
창의 · 융합놀이이다.

1 영유아음악교육의 필요성

노래를 부르고 악기를 연주하고 춤을 추며 음악을 즐기는 행위는 인류의 역사가 시작된 이래로 현재에 이르기까지 꾸준히 이어져 내려오고 있다. 단순히 주어진 노래를 따라 부르거나 악기를 연주하는 등 소리를 모방하는 놀이에서부터 시작하여 음악의 의미meanings를 탐구하고 발견하는 놀이에 이르기까지 영유아의 연령과 발달 수준에 따라 펼쳐지는 음악 활동은 창의·융합적인 특성을 지닌다.

영유아의 음악적 경험은 실생활과 놀이 속에 자연스럽게 통합되고 있다(교육인적자원부, 2007; Copple & Bredekamp, 1997). 탐색 – 감상 – 표현 – 재조직 – 재창조라는 일련의 과정에서 영유아가 품는 궁금증은 무궁무진하며, 진지한 탐구 및 발견, 문제해결의 과정을 통하여 영유아의 세계는 지속적으로 확장될 것이다. 음악을 중심으로 한 교과 내 통합, 교과 간 통합을 통하여 흥미진진한 창의·융합 놀이로 접근되는 영유아음악교육의 필요성에 대하여 살펴보도록 한다.

음악은 모든 인간의 삶에 필수적인 역할을 담당하고 있다. 21세기 4차 산업혁명 시대를 맞이한 오늘날에도 음악은 여전히 인간의 생각과 감정을 담아내는 일차적 수단이며, 내면의 정신세계를 표현하고 타인들과 교류하는 데 있어 절대의 위치를 차지하고 있다. 영유아는 태내에서부터 음악적인 존재로서 외부의 소리를 인식하거나 산모의 내부에서 나는 소리에 반응하는 등 소리와의 교감 속에 성장과 발달이 이루어진다.

태아의 귀는 13주부터 음파를 잡아내기 시작하고, 5개월이 되면 외부 소리를 듣게 되면서 어머니와 아버지 목소리를 듣기 시작한다. 청각 발달과 함께 소리를 탐지하는 능력이 생기므로 태아의 움직임이 증가하고 심장 박동이 증가하게 된다. 출생 후에는 양육자의 음성이 영아의 감정을 움직이게 되는데, 신생아는 태아 때 들었던 어머니의 목소리와 같이 자주 듣는 소리를 기억하고 반응(박선영·이영, 1990)

하면서 영아와 주 양육자 간의 상호적이고 지속적인 정서적 유대관계를 형성하게 된다. 전 애착 단계인 출생 후에서 6주에 영아는 본능적으로 사람에게 애착을 형성하며, 양육자에게 미소 짓기, 붙잡기, 눈 응시하기 등 다양한 행동을 통해 가까운 관계를 유지하게 된다. 생후 3개월경이 되면 어머니나 자신을 양육하는 사람의 목소리를 듣고 소리가 나는 쪽으로 고개를 돌리며 매우 편안해하고(Bayless & Ramsey, 1991, 심성경 외, 2016, 재인용), 생후 6개월 된 영아는 자신의 이름을 부르는 것에 반응하며 귀에 익은 목소리를 구별하고 평상시보다 톤이 높은 고음으로 리듬감 있게 말하는 소리를 좋아하는 등 감각 활동에 근거하여 지각 경험을 하게 된다.

특히, 빨기 반응 측정법에 따르면 영아는 낯선 여자의 목소리보다 어머니 목소리를 들었을 때, 외국어보다는 모국어를 들었을 때 젖꼭지를 더 많이 빠는(Mehler et al., 1988) 등 익숙한 소리에 더 많은 반응을 나타냈다. 이상의 연구결과는 태내에서의 청각 경험이 출생 후 영아의 듣기 선호에 영향을 미친다는 것과 소리가 영아의 정서 안정 및 인지 발달, 애착 등 제 발달과 밀접한 관계에 있음을 시사하는 것으로 태내기와 영유아기에 경험하는 소리는 삶과 실생활의 본질적인 요소(Greenberg, 1985)가 됨을 설명해 주고 있다.

즉, 영유아음악교육은 영유아가 실생활에서 즐기는 소리의 본질적인 의미를 탐색하고 표현하며 감상하는 놀이를 통해 음악적 능력 및 예술에 대한 태도를 기르는 것은 물론 신체 · 인지 · 언어 · 정서 · 사회성 · 심미 · 창의성 발달 등 전인 발달을 도모하는 창의 · 융합 교육이라 할 수 있다. 따라서 부모와 교사는 영유아가 일상에서 다양한 음악 경험을 즐길 수 있도록 관심을 갖고, 창의 · 융합 놀이를 체계적이고 지속적으로 제공해 주어야 한다.

2 영유아음악교육의 목적

영유아는 온통 음악으로 가득 차 있는 세상과 마주할 것이다. 음악은 그 자체로 영유아에게 만족감과 즐거움을 줄 뿐 아니라 노랫말과 리듬, 선율, 박자, 음색을 즐기며 긴장과 갈등을 해소시켜 준다. 또한, 상상과 자유로운 표상언어표상, 그림과 공예, 움직임 등이 가능하며, 음악성과 심미적 발달, 창의적 사고를 발달시키는 동시에 신체·정서·사회성·언어·인지 발달을 이루는 데 도움을 준다.

영유아 발달의 모든 영역에 직·간접적으로 영향을 주게 되는 음악의 목적을 살펴보면 다음과 같다(김진영 외, 2007).

출처: 김진영 외(2007).

1) 신체 발달

음악을 듣고 노래 부르고 악기를 연주하는 음악 활동을 하면 유아의 몸은 리듬과 박자에 따라 본능적으로 움직이며 반응하게 된다. 음악에 반응하는 머리, 손, 발, 다리 등 온몸의 표현은 인위적이지 않으며 자연스러움 그 자체다. 악기 연주와 소도구 활동 등의 음악 경험은 유아의 눈과 손의 협응력, 소근육과 대근육 조절 능력을 증가시킨다. 음악 활동과 함께 경험하는 다양한 신체 활동, 즉 이동 움직임, 비이동 움직임, 조작 움직임, 음률 활동, 가상 움직임 등 동작 활동을 통하여 신체 발달이 이루어진다.

예 다양한 음악에 맞춰 손뼉치기 등 온몸으로 반응하기, 걷기·뛰기·꼬기·구르기 등 동작으로 표현하기, 리본·공·스카프와 함께 움직이기, 북이나 탬버린 등 악기 연주하기, 음악의 요소에 따라 지휘하기 등

2) 정서 발달

음악 경험은 기쁨과 슬픔, 활기참과 잔잔함, 거침과 부드러움 등 자신의 감정을 자연스럽게 표현하고 타인의 감정과 생각을 민감하게 의식하게 함으로써 자연스러운 감정 표현 및 감정 조절을 하도록 돕는다.

예 노래의 다양한 정서를 느끼고 표현하기, 소리 탐색과 악기 연주를 하면서 자신의 정서를 표현하기, 리듬에 따라 몸을 흔들거나 조작 도구로 표현하기, 노래를 흥얼거리면서 정서적 감수성 기르기, 음악의 주제에 따라 물감 작업이나 그림 등으로 다양하게 표상하기 등

3) 사회성 발달

음악 경험은 유아가 친구와의 관계를 형성하는 데 필요한 참여, 나눔, 협동 등을

격려한다. 친구와 함께 노래 부르거나 악기를 연주하는 과정에서 느끼는 즐거운 감정을 경험함으로써 관계 내에서 이루게 되는 사회적 능력이 발달된다.

예 친구와 함께 노래 부르기나 악기 연주하기 등을 통해 타인과의 긍정적인 상호작용과 협동심, 공유하기를 경험함, 가족이나 친구, 지역사회, 세계 여러 나라 등 다양한 주제의 음악 활동을 통해 소중한 관계의 의미를 형성함

4) 언어 발달

자신이 느끼고 생각한 음악 경험을 묘사해 보는 활동이나 노랫말에 포함된 단어와 소리의 형태, 문장 구성 등을 자연스럽게 익히며 또래와 상호작용하고 소통하는 과정은 언어 발달을 가속화시키는 의미 있는 과정이다.

예 음악 감상 후 느낌 표현하기, 노랫말과 음악 활동을 통해 새로운 단어 알기, 상황을 묘사하는 의성어와 의태어 알기, 노랫말 개사하기, 음악극 활동을 하면서 등장인물과 배경, 분위기 등 언어 표상하기, 노랫말 창작하기

5) 인지 발달

음악 경험은 유아의 사고와 문제해결을 끊임없이 자극한다. 소리를 모방하고 탐색하고 이해하며, 유아 자신이 지각한 바를 관계, 비교, 개념화하도록 격려된다. 이러한 과정에서 물리적 지식과 논리·수학적 지식이 형성되는 체계로 조직되도록 자극 및 지원되는 활동 안에서 지적 성장이 촉진된다.

예 음악 활동에서 서열, 분류, 유목·포함 관계 인식하기, 소리의 특징 이해하기, 악기를 만드는 과정에서 소리를 탐색·발견하며 문제해결 능력 키우기, 노랫말 만들기, 노래동화 제작 과정에 필요한 음악 창작 및 연주하기, 음악극에서 등장인물과 상황 분석 후 대사, 효과음, 노래 구성, 동작, 조명, 무대배경 구상하고 만들기

6) 두뇌 발달

음악 활동은 끊임없이 두뇌 발달을 자극하고 촉진한다. 단순히 음악을 들려주기보다는 상황과 맥락에 따라 영유아가 음악 내에서 관심 갖는 의미들meanings을 나누고 표상하는 경험이 지속적으로 제공될 때 두뇌 발달은 더욱더 가속화된다.

예 소리를 듣고 즐기기, 모방하기, 생각을 표현하기, 느끼고 분석하기, 재조직하고 창작하기

7) 창의성 발달

다양한 음악 활동은 유아의 생각과 느낌을 탐색하고 실험하며, 자유로운 표현과 개별적 표현, 독창적 표현을 하도록 격려하여 상상력과 창의력의 발달을 돕는다.

예 소리 탐색을 통해 연주 방법 발견하기, 음악의 느낌을 몸의 움직임으로 표상하기, 작곡가의 마음과 생각을 유추하고 추론하기, 재미있는 음악을 만들기 위해 효과음 삽입·녹음하여 감상하기, 단순한 음악 활동을 다양한 통합 활동으로 심화·확장하기

8) 심미 발달

음악은 삶에 내재한 아름다움을 느끼도록 도우며 최고의 즐거움과 아름다움을 유아에게 제공한다. 영유아는 자신의 몸을 비롯한 주변 사물의 소리와 움직임, 자연 현상과 사회 현상과 관련된 음악에 큰 흥미를 보이며 즐거워한다. 비 오는 날에 창밖으로 손을 내밀어 손바닥을 펴 보고, 손등, 손목, 손가락 사이에 방울방울 맺힌 빗방울을 느껴 보는 활동을 경험할 수 있다. '빗방울 전주곡'을 감상하며 유아들은 빗방울이 되어 표현하기를 원하며, 음악과 봄비에서 느낀 잔잔한 정서를 온몸으로 받아들이면서 떠오른 생각과 느낌을 그림, 글과 말, 온몸으로 친구들과 선생님과

마음껏 나누고 싶어 한다. 영유아는 타고난 예술가다.

예 새소리, 물소리, 빗소리, 바람 소리, 파도 소리 등 자연에서 들리는 소리, 웃음 소리, 몸의 호흡, 배설, 소화 과정 등 몸에서 나는 소리, 가족, 친구, 이웃 등 사회관계 및 기본생활과 관련된 다양한 음악을 통한 감상 · 탐색 · 표현 활동

3 음악과 영유아음악교육

인간은 본래 자연에 존재하는 모든 소리에 관심을 기울이고 즐기는 본능을 갖고 태어난다. 긴소리, 짧은소리, 강한 소리, 약한 소리, 부드러운 소리, 날카로운 소리, 높은 소리, 낮은 소리 등 소리가 가진 제각각의 다른 특성에 관심을 기울이며 다양한 소리가 어우러져 창출되는 소리에 매력을 느끼게 되고, 다양한 소리가 어우러지는 조화 속에서 소리와 함께 즐거워하고 표상하는 音樂의 세계로 스며들게 된다.

음악을 두려워하거나 음악에 자신이 없다거나 음악이 어렵다고 여기는 교사나 예비교사는 다음의 개념으로 음악을 생각하는 경우가 많다.

> 음악이란 박자, 가락, 음성, 화성 따위를 갖가지 형식으로 조화시키고 결합하여, 목소리나 악기를 통하여 사상 또는 감정을 나타내는 예술이며, 교육에서는 음악을 표현하거나 감상할 수 있도록 음악 이론과 실기를 가르치는 교과목을 의미한다.

출처: 고려대한국어대사전(2009).

기존에 배웠던 '음악'수업들은 너무나 이론에 치우쳐 있었다. 음악 이론의 기초를 먼저 배우고 평가받는 음악수업은 지루하고 어려웠다. 힘들고 복잡한 음악이라고 스스로 규정해 왔던 개념 자체를 이번 학기 수업을 통하여 바꾸고 싶다. 훗날 교사가 되었을 때 더욱더 재미있고 효율적으로 음악을 나누고 싶다. - 김○○(2018. 9. 3).

음악 이론을 암기식으로 외우고 접근하는 이전 교육을 받았기에 음악은 어렵고 지루하다고 생각하고 있으며, 게다가 노래를 잘 부르지 못하거나 피아노를 잘 치지 못하여 음악에 소질이 없다고 스스로 단정해 버림으로써 교사로서 유아에게 제공하여야 할 음악 경험의 제공을 어려워하며 주저하게 된다. 이와 같은 경향은 음악 이론을 암기하여 음악 교과를 이수하였던 학부 교육 이전의 경험과 무관하지 않으며, 여전히 자신이 이전에 경험했던 음악 이론이나 테크닉 위주의 음악교육을 실천하여야 한다는 부담감을 갖게 될 때 나타난다.

그러나 예비교사는 음악을 인간의 일상과 밀접한 관계 속에 존재하며 삶에서 경험하는 소리를 탐색하고 표현하고 감상하면서 자신의 생각과 감정을 드러내고 소통하며 즐기는 예술로 이해하여야 한다.

영유아음악교육은
영유아의 삶을 중심으로
영유아와 교사가 통합적으로 즐기는 창의·융합놀이이다.

첫 수업을 듣기 전 음악이란 어린 시절 단순히 노래를 부르며 즐기는 것으로 생각했다. 노래를 부르며 아이들의 넘치는 에너지를 소모시켜 주고 스트레스를 해소해 준다고 생각했다. 태내 발달, 영아기 발달 내용을 통해 소리가 음악이 되고, 음악이 소리가 되어 영유아의 발달을 이끌어 주는 의미를 알게 되었다. - 한송이(2019. 3).

영유아음악교육이란 영유아로 하여금 세상을 향하여 마음을 열게 해 줄 수 있는 놀이교육이다. - 류정윤(2019. 9).

1) 음악의 의미와 영유아음악교육

현대음악이론가 Meyer(1956)는 『음악의 의미와 정서Emotion and Meaning in Music』에서 다음과 같이 음악의 의미를 구분한다(Meyer, 1956, 심성경 외, 2017, 재인용).

(1) '지시적 의미'와 '절대적 의미'

지시적 의미referentialism는 예술작품을 매개체로 하여 창조자의 생각idea, 정서emotion, 태도attitude, 사건event이 전달되는 것을 중시하는 입장이며, 절대적 의미absolutism는 작품을 만들어 내는 과정과 작품에 대한 인간의 느낌 그리고 작품이 주는 의미에서 예술작품의 의미를 찾는 입장이다.

일반적으로 영유아의 제 발달이나 기본생활습관 지도를 위해 음악을 활용하는 경우가 많다. 음악을 매개체로 하여 기본생활습관을 지도한다든지, 친구의 이름을 알게 한다든지, 깨끗하게 씻는 방법을 안내하는 활동에 중점을 두게 된다면 지시적 의미에 중점을 두는 음악적 경험이라고 할 수 있다. 이러한 활동에 활용할 수 있는 곡으로는 '아침 해가 떴습니다', '당신은 누구십니까', '싹싹 닦아라' 등이 있다.

절대적 의미absolutism를 중시하는 음악적 경험은 예술작품의 의미를 작품을 만들어 내는 과정과 작품에 대한 느낌 그리고 작품이 주는 의미에 주안점을 두게 된다. 즉, 작품 자체가 지니는 의미나 그를 표현할 수 있는 연주 기량의 발전에 관심을 기울이게 된다(심성경 외, 2017).

(2) '절대 형식적 의미'와 '절대 표현적 의미'

절대적 의미는 절대 형식적 의미absolute formalism와 절대 표현적 의미absolute expressionism로 다시 나누어진다(김영연, 2002).

절대 형식적 의미에 있어서 음악의 의미는 음향적 패턴 자체에 있으며, 예술작품과 예술행위 자체가 중요시됨에 따라 소수의 전문가 양성을 지향하게 된다. 그러나 절대 표현적 의미에 있어서 예술의 의미와 가치는 예술작품의 미적 특질에 있게 되며, 대중 모두가 이러한 미적 특질을 인식할 수 있어야 한다는 데 의미를 부여하게 됨으로써 누구나 질 높은 미적 경험을 쌓아가는 것을 지향한다.

2) 영유아음악교육의 접근 방법

영유아음악교육은 어떠한 음악의 의미meanings를 강조하여야 하는가?

영유아교육은 제 영역의 조화로운 발달을 돕는 통합적 전인교육이며 영유아음악 교과 또한 독립된 예능 영역이 아닌 통합교과의 특성을 지니고 있다. 영유아의 전체 발달을 안내하고 촉진하는 데 있어서 음악이 관련되는 다양한 사례를 볼 수 있다.

예를 들어, 질병관리와 건강습관 형성을 위하여 현장에서 많이 활용되는 '그러면 안 돼'라는 동요가 있다.

이 동요는 아이스크림을 많이 먹어서 배가 아프고 어지러워 병원에서 주사를 맞은 경험이 있는 형이 자꾸 아이스크림을 먹겠다고 떼쓰는 동생에게 그러면 안 된다고 타이르는 내용의 노랫말로 구성되어 있으며, 배에서 나는 소리를 재미있는 의성어로 표현하고 있다. 이 동요가 유아의 흥미를 끄는 것은 노랫말이 귀에 쏙 들어올 정도로 이해가 잘될 뿐만 아니라 선율과 리듬, 박자 등의 요소가 노랫말의 의미를 최대한 잘 드러내 주기 때문일 것이다. 음의 리듬과 강약을 살려서 노래를 부르면서 유아는 몹시 참기 힘들 정도로 배가 아파서 힌든 상황을 그대로 느낌으로써 앞으로 아이스크림을 많이 먹어서는 안 된다는 깨달음을 얻게 될 것이다.

이처럼 생활 경험으로 접근되는 음악의 의미를 중시한다고 하여 절대적 의미와 대치되는 지시적 의미 정도로 그 의미를 축소시키는 것은 적절하지 않다. 왜냐하면, 노랫말의 지시적 의미를 더 효과적으로 전달하기 위해서는 박자, 선율, 셈여림 등 특징적인 음악요소에 대한 이해가 필수적이기 때문이다. 즉, 표현적 의미와 지시적 의미는 상보적 관계에 있게 된다.

따라서 가락과 박자를 제대로 표현하지 못하고 지시적 의미만 담고 있는 활동은 사실상 지시적 교육의 효과를 제대로 낼 수 없을 뿐 아니라 지시적 의미에만 관심 갖는 활동을 음악이라 칭해도 좋은가에 대하여는 논란의 여지가 존재한다.

다시 말해서, 음악이 영유아의 제 발달이나 기본생활습관 지도를 위해 효과적인 것은 표현적 의미가 지시적 의미와 조화를 이루게 됨으로써 영유아들에게 더 없이 즐거운 음악의 경험이 되기 때문이다.

이에 지시적 의미referentialism와 절대적 의미absolutism를 함께 풀어내는 음악교육이야말로 영유아음악교육의 본질에 입각한 전인교육으로의 의미를 모두 담을 수 있는 영유아 발달에 적합한 음악교육이 될 수 있을 것으로 봄이 적절하다.

예술작품과 예술행위 자체를 중요시하는 절대 형식적 의미를 미적 경험을 강조하는 절대 표현적 의미에서 분리시켜 보는 이분법적 시각은 바람직한가?

유아가 음악 활동에 열중하며 몰입하는 모습은 사뭇 진지하기까지 하다. 목소리 톤을 조절하고, 원하는 소리를 내기 위해 자세를 바로잡기도 한다. 또한, 아름다운 소리를 내고자 리듬악기를 연주하는 손의 힘을 조절하는 등 연주 방법을 탐구하기도 한다. 생활용품을 이용하여 만든 악기에서 아름다운 소리를 얻는 과정을 설명하는 모습, 자신이 발견한 연주 방법을 열정적으로 소개하는 유아의 모습에서 모든 유아는 예술가라는 사실이 의심 없이 확인되기도 한다.

또한, 유아는 자신에게 보내는 친구나 가족의 격려와 칭찬을 통해 확장된 분석과 탐색 그리고 심화된 표현과 감상 활동 등의 예술경험에 참여하게 될 것이다.

이와 같이 유아들은 미적 특질을 표현해 내고자 소리에 집중 listen to하는 동시에 형식에도 관심을 갖게 된다. 미적 경험을 강조하는 절대 표현적 의미는 음악의 표현을 위한 절대 형식적 의미와 불가분의 관계로 규정되기 힘들다. 유아에게 있어서 음악 활동은 노랫말의 내용이 구체적으로 지시하는 행동만을 강조하여서도, 음악의 형식적인 면이나 표현 중심의 예술행위 등 부분적 의미만을 강조하는 음악 활동으로 평가가 절하되어서도 안 될 것이다.

즉, 유아음악 활동에서 지시적 의미와 절대적 의미 그리고 절대 표현적 의미와 절대 형식적 의미가 함께 조화를 이루게 될 때 음악의 예술적·심미적 효과 및 교육적 효과는 함께 증진될 수 있다.

유년기 시절 나의 경험으로 볼 때 음악을 통해 생활습관을 기르고 아이들의 감수성과 창의력을 키울 수 있다. 또한, 이와 함께 '절대음감'이 형성되는 시기인 만큼 이를 최대한 키울 수 있도록 돕고 악기 소리를 즐기며 미래의 음악 예술가가 될 기초를 마련해 주는 것이 매우 중요하다. 그렇기에 모든 의미가 조화롭게 어우러진 교육을 해야 하는데, '절대 형식적 의미'를 부여하는 경우 아이들이 즐거운 마음으로 소리에 집중하며 '좋은 소리'를 내도록 탐구하고 노력해 보며 유아가 이해할 만한 수준에서 음악에서의 형식을 생각해 보고 습득하는 음악교육은 오히려 유아의 '절대 표현적 의미' 발달에도 적합한 음악교육이라 할 수 있다. - 진주영(2018. 9. 10).

▷▶▷ 참고 1

극도의 형식주의자는 음향적 패턴 자체가 음악의 의미라고 주장할 것이다. 그러나 대부분의 비지시주의자는 음악을 정서적으로 의미 있고 표현적인 것으로 간주한다. 지시주의자 또한 음악에서 표현적인 내용을 찾는데, 이러한 정서적 내용이 음악 외적인 것일지라도 문제가 되지 않는다. Meyer는 대개의 지시주의자가 표현주의자인 반면 모든 표현주의자가 지시주의자는 아님을 주지한다. 그는 절대적 표현주의자와 지시적 표현주의자를 구별하는데, 자신은 '형식적·절대적 표현주의자'의 입장에 서 있다(Meyer, 1956).

▷▶▷ 참고 2

Dewey는 순수예술과 실용예술 모두를 통합하는 음악 이론과 실천의 통합에 관심을 기울인 학자이다. 이분법적 세계관 극복은 Dewey의 철학적 핵심이며, 현실과 이론의 틈새를 좁히기 위한 작업에 그는 평생 역점을 두었다. 예술은 인간에게 없어서는 안 되며, 질적으로 세계와 가장 직접적으로 대면하는 데서 발생하는 것으로써 경험의 직접성과 완성이라는 측면을 지니고 있음을 Dewey는 강조하였다(이재언, 2011). 음악이 인간의 경험과 함께하며 경험 속에서 만들어진다는 Dewey의 관점은 인간의 본능적 욕구와 정서, 상상력, 다양한 지성이 음악 안에서 균형적으로 결합되고 발전되는 가능성과 본질을 갖고 있다는 점에서 인간에게 음악은 보편적이고 궁극적인 가치를 갖는 중요한 위치에 있음을 말해 주고 있다.

그렇다면, 영유아교사는 질 높은 음악교육과정을 운영하기 위해서 어떠한 지식과 능력을 갖추어야 하는가?

첫째, 영유아음악교육은 단편적 학습이 아닌 총체적인 학습과 경험을 제공하는 통합적 접근을 하여야 한다.

유아들은 자신이 경험하는 세계에 대하여 분리된 내용 영역보다는 통합된 전체 경험으로 인식한다. 그러므로 음악교육에 있어서도 교사는 음악 감상, 노래 부르기, 악기 연주 및 신체 활동을 별개의 활동으로 전개하지 않고 통합된 활동으로 제시할 수 있어야 한다. 노래를 부르면서, 악기를 연주하고, 음악을 감상하면서 신체 표현 활동을 할 수 있다. 또한, 음악과 미술 활동을 통합하고, 자연 현상 관찰과 음악 감상을 연계하는 예술 영역의 통합은 물론 수학이나 과학, 사회와 같은 타 학문과도 밀접하게 통합하여 제시할 수 있다(엄정애 · 송정 · 박미경, 2009).

둘째, 영유아음악교육은 영유아의 흥미나 관심에서 출발하여 영유아가 느끼고 생각하는 모든 것이 음악으로 접근되도록 도와야 하며, 영유아가 원하고 요구하는 음악 세계에 귀 기울일 수 있어야 한다. 음악은 자신의 사고, 의사, 감정을 표현하는 수단일 뿐만 아니라 생활 그 자체로서 즐거움을 경험하게 하여 유아들의 사회정서 발달을 돕고 창의적 사고와 인지, 사회성, 정서, 신체, 언어 등 모든 영역의 발달을 촉진한다(김지운, 2015).

셋째, 영유아교육의 맥락에서 결과 중심이 아닌 과정 중심의 음악프로그램이 실천됨이 바람직하다. 과거 영유아의 발달에 적합하지 않은 무리한 테크닉 위주의 음악 접근이나 과정process이 무시되는 결과 중심 또는 훈련 중심의 발표회는 자칫 현실과 생활의 문제에서 음악이 멀어지는 간극 현상이 발생됨으로써 음악에 대한 이해를 어렵게 만들고 영유아의 발달을 저해한다는 문제가 제기되었다. 성인을 만족시키기 위한 반복과 연습 위주의 활동보다는 교육과정의 맥락 안에서 연계되는 활동으로 실행하도록 한다.

다음의 원칙은 영유아에 대한 이해와 과정 중심의 음악프로그램 실천 시 주요하게 고려하여야 할 내용이다.

영유아 중심 음악프로그램에서 기본적으로 고려되는 원칙

① 영유아는 감각운동적 학습기(sensorimotor stage)에 있다.
② 영유아는 자신의 학습을 스스로 조정한다.
③ 영유아는 풍부한 음악적 자료로 구성된 환경에서 학습하기를 원한다.
④ 영유아는 놀이 속에서 교구를 다루면서 음악적 생각을 나타낸다.
⑤ 영유아가 음악에 대해 보이는 반응은 발달 단계와 관련이 있다.
⑥ 교사나 부모가 영유아의 음악적 행동에 대해 동기를 주고, 음악적 문제를 해결할 수 있도록 적절히 개입할 때 더욱더 효과적인 학습이 이루어진다.

출처: Greenberg(1979).

넷째, 지시적 의미와 절대적 의미, 절대 형식적 의미와 절대 표현적 의미에 대해 이해하여야 한다. 음악이 인간의 경험과 함께하며 경험 속에서 만들어진다는 Dewey의 관점은 인간의 본능적 욕구와 정서, 상상력, 다양한 지성이 음악 안에서 균형적으로 결합되고 발전되는 가능성과 본질을 갖고 있다는 점에서 인간에게 음악은 보편적이고 궁극적인 가치를 갖는 중요한 위치에 있음을 늘 인식하고 있어야 한다.

다섯째, 교사는 영유아에게 훌륭한 인적 환경으로서의 음악적 모델 역할을 할 수 있어야 한다. 최고의 매체는 교사 자신일 수 있다는 점에서 교사 스스로 유아들과 음악 활동을 하면서 음악의 의미를 자발적으로 탐구하고 발견하는 동시에 마음껏 음악을 즐기는 모습을 보여 주어야 한다. 이러한 교사는 유능한 또래로서 촉진하고 안내하며 협력하는 모습으로 비치게 될 것이다.

여섯째, 새로운 주제로 심화되고 확장되는 유아 중심의 프로젝트 활동으로 발전될 가능성을 열어 두고, 융통성 있는 교육과정을 운영할 수 있어야 한다. 교육과정

운영에 있어서 계획은 필요하다. 그러나 유아의 새로운 흥미와 관심은 예측불허의 상황을 만들게 된다는 사실을 염두에 두고 있어야 한다. 이러한 예측불허의 상황이야말로 유아의 진정한 탐구 활동이 비로소 가능해지는 흥미진진한 순간이 될 것이다. 교사가 의도하지 않은 이러한 상황은 음악 분야의 또 다른 소중한 매력이다.

생각하기

❶ 예비교사 자신이 생각하는 '영유아음악교육'에 대하여 이야기 나누어 봅시다.

❷ 내가 되고 싶은 영유아 음악교사의 모습을 글과 그림으로 기술해 봅시다.

2

영유아의 음악적 능력 발달

영유아의 음악적 능력 발달에 대한 이해는
영유아기 음악놀이의 내용과 방법을
다양하고 풍부하게 만든다.

인간은 누구나 음악성을 가지고 태어난다(장기범, 1989). 영유아의 음악성 발달과 관련한 음악성의 요소는 음악적 표현력과 음악적 인지력, 음악적 태도를 포함한다. 음악적 표현력이란 영유아가 음악적 요소를 이해하고 창의적으로 표현할 수 있는 능력이며, 음악적 인지력은 음악적 요소를 이해하고 변별하는 능력, 음악적 태도는 영유아가 음악 활동에서 보이는 음악에 대한 반응과 음악적 행동을 말한다(강보라, 2017).

음악성이란 타고난 음악적인 감성과 소질을 의미하며, 음악을 듣고 이해하고 음악의 아름다움을 감상할 수 있고 더 나아가 음악적 표현을 가능하게 할 수 있는 능력으로서 음악적 능력, 음악적 재능, 음악적 소질 등을 포함하는 상위개념이다(방은영, 2008). 즉, 영유아가 음악을 느끼고 이해하고 표현하는 능력이며, 영유아가 음악 활동을 하면서 보이게 되는 모든 반응과 행동을 의미한다.

특히 개인의 음악적 능력은 생애 초기에 발달되므로, 영유아기에는 음악의 기초 감각 활동을 중심으로 음악적 능력이 발달될 수 있도록 도와야 한다. Schoen은 음악적 자질musical capacity은 생득적인 것으로 타고나는 것이며 음악적 능력musical ability은 후천적으로 연습이나 경험에 의해 얻는다고 하였다(이영 · 유애열, 1985). 4~6세의 음악 경험이 이후의 음악적 능력 발달에 결정적 영향을 미치게 된다는 점에서 의미 있는 성인과의 체계적이고 다양한 음악 경험은 중요하다(김명순 · 조경자, 2001; 심성경 외, 2017).

영유아는 본능적으로 소리를 듣고 움직이며 흥얼거리고 악기를 연주하면서 음악을 통해 생각과 감정을 표현하기를 즐거워한다. 영유아기 음악적 능력 발달에 대한 이해는 영유아음악교육의 내용과 방법을 선정하고 구성하는 데 있어서 주요한 기초를 이루므로, 출생에서 6세까지의 음악적 능력의 단계별 특징을 다음과 같이 살펴보도록 한다(강보라, 2017; 이영 · 유애열, 1985; 김영연, 2002; 김명순 · 조경자, 2001; 심성경 외, 2017; 안미숙 · 신원애, 2016; 이춘자 · 조인경, 2013; Greenberg, 1979; Scott-Kassner, 1993).

1 듣기

소리는 인간이 주변 세계를 발견하고 이해하는 중요한 물리적 현상의 하나이며 오감 중에서 가장 먼저 발달되는 감각은 청각이다. 특히 유아는 소리에 반응하려는 강한 생물학적 경향을 가지므로 다양한 경험의 축적과 지각적 사고 활동으로 주변 세계에 대한 이해 및 예측, 문제해결 능력을 형성해 나가게 된다(김은정, 2002; 김은정 · 신은수, 2013; McIntyre, 1981). 영유아기는 소리에 가장 민감한 시기이므로 아름답고 리드미컬한 음악적 자극이 전체 음악 발달의 중요한 토대가 된다고 할 수 있다. 음악에 대한 관심과 흥미는 듣기에서 시작되고 모든 음악 활동의 기초는 감상으로부터 시작된다고 할 수 있다. 듣기 능력을 연령별로 살펴보면 다음과 같다.

1 태내기

- 태아는 능동적으로 음악에 반응을 보이는 존재이며, 소리와 음악에 반응할 수 있는 능력은 태내기에 발달한다.
- 태아는 모체가 들려주는 심장 박동 소리를 들으며 '고정박'을 익히게 된다.
- 약 3주에 태아의 심장이 뛰기 시작한다.
- 약 5주가 되면 산모의 몸 밖에서 나는 소리에 몸을 움직이며 반응한다.
- 약 8주가 되면 쾌 – 불쾌 감정이 몸의 반응으로 나타난다.
- 태아는 약 13주부터 음파를 잡아내기 시작한다.
- 태내 3개월부터 외부의 소리 자극에 몸을 움직이거나 호흡 정도를 변화시키는 등 리듬 반응을 보인다.
- 6개월이 되면 태아는 음악적으로 반응을 보일 정도로 발달된다. 청각, 중추신경, 성대 기관 등이 형성됨으로써 지나치게 큰 소리, 소음에 대하여 근육을 수축시키거나 발길질 등의 움직임으로 태동을 한다(이숙희 외, 2016).
- 태아는 여러 소음의 변화보다는 음높이의 변화에 더 민감하게 반응한다(강보라, 2017).

2 0~2세

- 출생 후: 신생아는 대부분의 시간을 수면상태에서 지내지만 일련의 감각 자극, 즉 어머니의 음성과 같은 특별한 소리나 음악을 포함한 여러 자극에 나름의 소극적인 듣기 반응을 한다.

  예 눈을 동그랗게 뜨고 입을 움직이는 것
- 0~3개월: 여러 소리 중에 음악에 주의를 집중한다.
- 2~4개월: 부드러운 소리와 사람의 목소리에 민감하게 반응한다.
- 3~6개월: 소리 나는 쪽을 쳐다보고 자주 듣던 음악에 안정감을 느낀다.
- 6~9개월: 옹알이babbling를 시도하면서 음악 듣는 것을 즐긴다. 시계 소리, 음악 놀잇감 같은 리듬이 있는 소리를 즐긴다. 음악을 틀어 주면 손과 팔을 움직이며 듣는다.

  예 짝짜꿍, 곤지곤지, 맴맴, 도리도리, 작은 별
- 9~24개월: 비음악적 소리와 음악적 소리를 구별할 수 있다. 음악에 맞춰 움직이기는 하나, 박자에 맞추지 않는다. 광고음악을 선호한다.
- 1~2세: 음색, 셈여림에 이어 음높이와 간단한 단어로 리듬감 있는 표현을 하기 시작한다. 음악에 맞추어 스스로 리듬감 있는 몸동작을 시도하지만, 박자와는 무관하다.

3 2세

- 짧은 음악8마디을 주의 깊게 듣는다.
- 분명한 리듬이 있는 음악과 운율이 있는 음악을 좋아한다.

  예 나리 나리 개나리, 꼭꼭 숨어라, 똑같아요, 여우야 여우야, 두껍아 두껍아, 아침 바람
- 단순한 걷기를 벗어나 더 능동적으로 몸의 움직임이 활발해지면서 좀 더 적극적으로 소리를 탐색하고 음악에 반응한다.

4 3세

- 짧은 음악을 잘 들으며 일정한 박자를 들으며 표현한다. 박자에 맞추어 손뼉을 치고, 간단한 손유희를 따라 할 수 있다.
  예 짝짜꿍
- '반짝반짝', '빵빵', '칙칙폭폭', '꿀꿀' 등 다양한 음악적 요소가 나타나는 소리에 관심을 보인다.
  예 작은 별, 작은 동물원, 악어 떼, 어린 송아지, 엄지 어디 있어, 엄지야 엄지야, 곰 세 마리, 개구리, 엄마 돼지 아기 돼지
- 반복되는 단어가 나오는 노래 듣기를 즐기며 따라 한다.
  예 똑같아요, 작은 별, 머리 어깨 무릎 발, 엄지 어디 있어, 엄지야 엄지야, 곰 세 마리, 개구리, 엄마 돼지 아기 돼지

5 4세

- 이전 단계보다 비교적 오랜 시간 집중할 수 있으며, 자신이 알고 있는 곡들에 관심을 갖고 주의 깊게 감상한다.
- '크다/작다', '빠르다/느리다'와 같은 음악적 개념을 이해한다.
  예 비행기, 간다 간다
- 소리를 귀로 들으면서 눈으로 보는 능력이 생기기 시작한다.
- 모든 종류의 음악에 개방적이며 흥미를 갖는다.
- 3~4세: 음악성이 현저히 발달하고 음악을 매우 적극적으로 즐기는 시기이다. 음높이, 음길이, 셈여림, 음색에 대한 기초 개념이 비교적 확고히 형성되어 음의 세부적인 변화를 인식할 수 있다.

6 5세

- 자신이 감상한 음악에 대해 언어로 표상하는 능력이 확장된다. 적극적인 감상자가 되는 동시에 듣기 욕구가 증가한다.

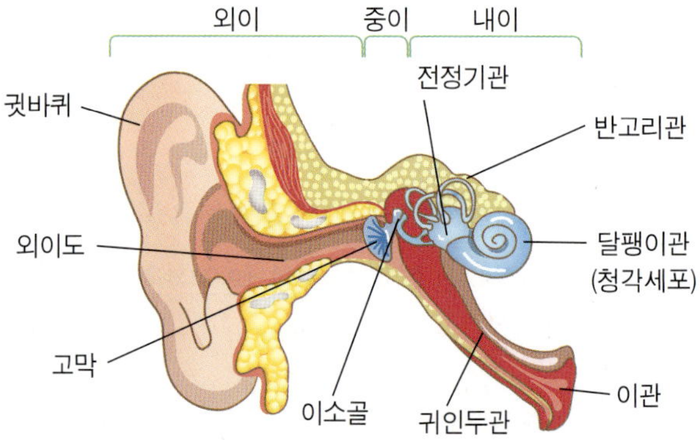

● 음의 파장을 수렴하는 외이의 귓바퀴 → 외이도 → 고막 진동 → 이소골(추골, 침골, 등골) → 달팽이관에 진동 전달 → 뇌에 전달

[그림 2-1] 귀의 구조와 소리의 전달

2 노래 부르기

출생 후 목소리를 내고 발성 실험과 모방을 하면서 점차 노래를 부르게 된다. 목소리는 최초의 악기이며, 최고의 악기이다.

태어나면서부터 아기는 성대를 사용하여 울고 옹알이를 하게 되는데, 이 모든 소리는 다분히 음악적이다(이춘자 · 조인경, 2013). 노래 부르기 발달 단계는 언어 발달과 밀접한 관계에 있으며, 발달 단계를 살펴보면 다음과 같다(이영 · 유애열, 1985; 이춘자 · 조인경, 2013; Campbell & Scott-Kassner, 2002; Greenberg, 1979).

1 1단계: 0~3개월

- 초기 발성기first vocalization이다.
- 출생~1개월
  - 울음은 신생아가 자신의 욕구와 느낌을 전달하는 최초의 가장 중요한 음성언어이다.

- 신생아의 울음소리는 콧소리 음이고 매우 단조롭다. 입술 근육을 조절하면서 온몸에 힘을 주어 소리 내며 이후 점차 리드미컬한 소리로 변화된다.
- 1개월 내에 쿠잉cooing을 시작한다. 특히 입을 크게 벌려 소리 내는 '아'와 입을 좁게 벌려 소리 내는 '이' 등의 모음소리를 많이 사용한다.

- 2~3개월: 양육자가 부르는 노래를 들으며 3개월이 되면 차츰 울음소리가 음악적인 소리로 달라진다. 배고플 때, 잠자고 싶을 때, 안아 달라고 할 때, 아플 때 등 상황에 따라 울음소리의 음색과 셈여림, 선율에 차이가 있다.

2 2단계: 3~18개월

- 발성 실험vocal experimentation과 소리 모방하기vocal imitation를 한다.
- 3~4개월: 옹알이를 즐기고, 여전히 울음으로 욕구와 느낌을 표현한다.
- 6~9개월: 다양한 높이의 소리로 음악적 옹알이를 한다.
- 12개월 이하: 모음과 자음으로 옹알이를 한다.
- 12~18개월: 리듬패턴과 높낮이를 이용한 옹알이를 한다. 높고 낮은 노랫소리를 비슷하게 따라 부른다.
- 18개월이 되면 노래할 준비를 하게 된다.

3 3단계: 18개월~3세

- 노래를 대략적으로 부를 수 있다. 즉, 한 곡을 끝까지 정확하게 부를 수는 없으나 노래 부르는 시도를 많이 한다.
- 사용하는 어휘 수가 급격히 증가하는 등 언어 발달이 급속히 이루어지면서, 이전보다 더욱 리듬과 선율을 살려서 노래를 부르게 된다.
- 30개월~3세: 놀이하면서 노래를 부른다. 리듬패턴을 즐기며 주변의 도움을 받아 노래 부르기를 즐긴다.
- 유아의 가창 능력 발달에 매우 중요한 시기이다.

4 4단계: 3~4세

- 제한된 음역 내에서 정확하게 노래 부른다. 유아는 대부분 레[D]에서 솔[G]까지의 음역 내에서 정확하게 노래 부를 수 있다.
- '크다', '부드럽다', '빠르다', '느리다' 개념을 형성한다.
- 음의 높낮이와 속도를 변화시키며 노래 부를 수 있다.
- 짧은 패턴의 가사와 선율을 붙이는 즉흥적 노래 부르기에 흥미를 보인다.
- 가능한 한 많은 노래를 들려주고 불러 보도록 한다.
- 동서양의 다양한 노래를 소개한다.
- 박자에 맞춰 움직이는 능력이 생긴다.

  예 우리 집에 왜 왔니, 동대문을 열어라, 무궁화꽃이 피었습니다, 여우야 여우야, 그대로 멈춰라

5 5단계: 4세 이후

- 이전보다 더 확장된 음역에서 정확하게 노래를 부를 수 있다.
- 음역을 한 옥타브 내에서 확장시켜 노래 부를 수 있다.
- 5세가 되면 음악적으로 표현하는 일차적 수단으로 목소리를 능숙하게 사용할 수 있게 된다.
- 노래의 강약과 속도에 따라 노래 부르기 시작한다.

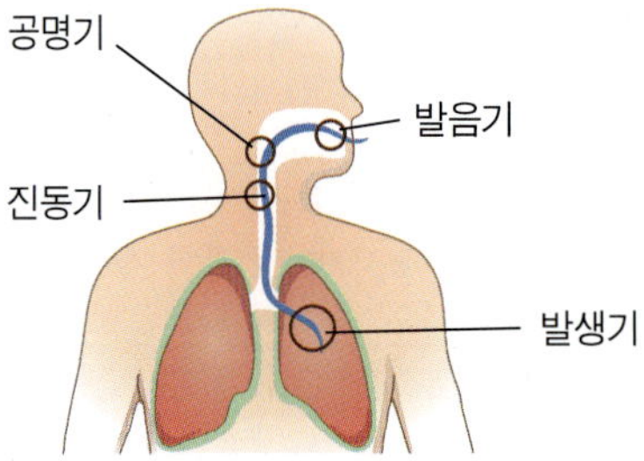

● 폐 속의 공기가 후두 통과 → 공기의 진동 유발 → 목을 통과하면서 음색이 만들어짐 → 구강과 입술을 통해 이해할 수 있는 소리가 나옴

[그림 2-2] 발성기관: 목소리는 어떻게 만들어지는가?

출처: OBM 스피치 아카데미.

▷▶▷ 참고 3

목소리, 즉 음성을 만들어 내는 기관은 성대이다. 성대의 진동을 이용하여 소리를 낸다. 목소리의 크기는 성대의 진폭에 의해, 높이는 진동수에 의해 정해진다.

① 성대를 강하게 당기면 높은 소리가 된다.
② 한국 성인의 평균 성대 길이는 남자 13mm, 여자 10mm이며, 여자가 상대적으로 진동수가 많다.

영유아기에는 성별에 따른 성대 길이의 차이가 없으나, 남아의 경우 사춘기가 되면 남성 호르몬의 작용으로 성대 길이가 길어지고 윤상 갑상근의 긴장도가 내려가서 목소리의 높이가 거의 한 옥타브 정도 낮아지는 변성 현상이 일어난다.

출처: 위키피디아에서 '음성' 검색, 재구성.

3 악기 다루기

영유아는 소리를 듣고 즐기면서 차츰 소리가 나는 물건에 관심과 흥미를 기울이게 된다. 또한, 신체가 발달되면서 악기를 흔들고 두드리는 등 소리 탐색과 악기 연주하기에 적합한 자세가 가능해진다. 앉아서 양손을 사용할 수 있게 되면서 자연스럽게 소리 나는 물건을 잡고 흔들고 두드리며 소리를 생성한다. 소리에 대한 호기심과 만족감으로 계속해서 소리를 탐색하고 만들면서 즐거움과 성취감을 느낀다. 이러한 악기 활동은 음악을 체계적으로 이해하고 연주하는 능력으로 발전하며 아름다운 음악을 표현하게 하는 기반이 되므로, 이 시기 리듬 활동은 음악의 중요한 기초를 형성한다.

악기 다루기 능력을 연령별로 살펴보면 다음과 같다(심성경 외, 2017; 이춘자·조인경, 2013).

1 0~1세

- 소리 나는 물건에 관심을 기울이며 놀잇감이나 딸랑이를 흔들 수 있다.
- 주변 생활용품으로 소리 만들기를 즐긴다.

  예 냄비, 주걱, 양푼, 뚜껑으로 소리 만들기

2 2세

- 실제 악기에 대한 흥미가 증가한다.
- 리듬악기나 건반악기에 관심을 갖고 소리를 만들며 탐색한다.

3 3세

- 리듬, 강약, 속도, 음의 높낮이에 따라 리듬악기를 연주하고자 한다.
- 음악의 분위기에 따라 악기 연주가 가능하다.

4 4세

- 박자, 빠르기, 음높이 등을 인식하며 연주할 수 있다.
- 간단한 리듬패턴을 모방하여 연주할 수 있다.
- 대·소 근육의 발달로 훨씬 다양한 소리를 내며 악기를 연주할 수 있다.

5 5세

- 대부분의 리듬악기를 연주할 수 있다.
- 다양한 리듬악기로 노래 부르며 연주할 수 있다.
- 음악 기호 매체에 시각화된 다양한 음악 구성요소에 따라 리듬악기를 연주할 수 있다.
- 음악에 대한 이해 능력과 표현 능력, 연주 능력이 발달되어 더 정교한 악기 연주 기술의 습득이 가능하다.

3

창의 · 융합에 기초한 영유아음악교육의 통합적 접근

음악은
영유아의 삶 속에서
전 발달이 자연스럽게 통합되는 창의 · 융합 놀이이다.

1 융합인재교육과 영유아교육

최근 우리나라는 국제학업성취도평가PISA에서 높은 학업성취도를 보이지만 학습에 대한 자발성이나 흥미에서는 OECD국가의 평균에도 미치지 못하는 실정이 교육의 문제로 지적되고 있다. 현재 진행되고 있는 수업 방법으로는 이와 같은 문제를 해결하지 못할뿐더러 학생들의 동기와 흥미도 이끌어 내기 힘든 것으로(임유나, 2012) 보는바, 이에 미래 사회 인재 양성을 위하여 STEAM교육에 대한 필요성이 우리 교육 전반에 더욱 강조되고 있다.

융합인재교육STEAM이란 과학Science, 기술Technology, 공학Engineering, 예술Arts, 수학Mathematics의 모든 교과가 서로 관계를 맺고 연결되는 교육 시스템으로서 교과목 간의 관련성을 강조하는 것을 넘어서서 지식이 어디에 쓰이고 왜 배우는지를 알고 실생활 문제를 해결하는 것에 초점을 둔다.

미래 인재에게 요구되는 역량은 창의성을 갖춘 융합형 인재(김형재 · 송민서 · 홍순옥, 2016)이며, 분절된 교과 학문의 유능성보다는 종합적인 사고력과 통합적 문제해결력을 갖춘 창의성 교육, 즉 지식, 기술, 학문 간의 통합과 융합을 통해 창의적으로 공감하고 문제해결 능력을 갖춘 인재이다(박은성, 2013). 또한, 미래를 예측하는 키워드인 '창의 · 융합'은 '창의성을 갖춘 융합적 인재'에 대한 시대적인 필요가 반영된 단어이다.

조준동(2017)에 따르면 '창의 · 융합'은 두 가지 이상의 분야가 모여 이루어지는 것으로 '창의성에 기반한 융합' 또는 '창의적 다학제 융합'으로 정의된다. 이는 단순히 기존 세계와는 다른 새롭고 독창적인 아이디어나 물품을 발명해 내는 것을 넘어서서 여러 분야를 통합하여 새로운 분야를 창출한다는 의미로 이해되나, 영유아교육 분야에서 '창의 · 융합' 의미는 낯설고 새로운 개념이 아니라 이미 오래전부터 교육과정에 녹아 있는 친숙한 개념이며 창의 · 융합 교육과정에 대한 연구가 계속 행해지고 있다고 보는 것이 적절하다.

영유아교육의 관점에서 볼 때 교과 중심의 전통적 교육을 비판하고 아동 중심의 통합적 교육을 주장한 Dewey에 따르면 교육이란 성장을 위한 수단이 아니라 삶, 성장 자체이며, '교육', '삶', '성장'은 같은 차원의 것으로 '경험의 끊임없는 재구성'에 의해서 점진적으로 발전하는 개념이다(Dewey, 1933). 경험을 재구성하는 영유아의 관심은 학문의 경계를 넘나들며 무궁무진하게 확장되는 프로젝트 수업으로 자연스러운 연계를 이루고 있다.

또한, 영유아교육은 영유아의 전인 발달에 목표를 두고 이를 달성하기 위하여 통합적 교수 방법을 지향해 왔으며 그동안 통합의 구심점에 따라서 '활동 중심', '주제 중심', '놀이 중심', '상황 중심' 교육과정으로 통합 운영되었고, 통합교육 방법 및 운영 형태에 있어서는 '프로젝트 접근법'의 교수 형태가 강조되었다(나성식, 2005).

융합인재교육에서 설명하고 있는 과학, 기술, 공학, 예술, 수학의 내용은 자칫 영유아기 발달에 적합하지 않으며 적용하기 어려운 분야로 여겨질 수 있으나, 이미 우리의 영유아 교육과정에서는 이러한 내용을 상황 중심 교육과정, 놀이 중심 교육과정, 활동 중심 교육과정 안에서 지속적으로 강조한 통합 내용이다. 더 나아가서 사회와 역사, 언어, 지리, 문학, 물리, 화학 등 훨씬 다양한 분야에 관심 갖고 이를 융합하려는 교육과정을 구성한다.

즉, Dewey가 주장한 삶과 성장 그 자체가 영유아교육이며 '경험의 끊임없는 재구성' 과정으로서의 창의 · 융합 교육과정이 꾸준히 발전되며 실천되고 있다.

2 융합인재교육 관점에서 본 영유아음악교육

영유아음악교육 프로그램은 '놀며 배우는' 유아의 모습이 그대로 놀이로 진행되는 특징을 보인다. 이러한 면에서 '영유아 음악프로그램'과 '영유아 음악놀이' 용어는 동일한 의미를 갖는다고 보고 본서에서는 글의 맥락에 따라 두 용어를 모두 사용하고자 한다.

음악교육은 영유아의 삶과 경험을 중심으로 실생활과 연결하여 음악에 대한 흥미와 관심을 증진시켜 왔으며 놀이 안에서 음악 내용 간 통합과 교과 간 통합이 지속적인 경험의 재구성을 촉진한다는 점에서 4차 산업혁명 시대의 학교교육에서 강조하고 있는 융합인재교육과 맥을 같이하고 있다. Yarkman과 Lee(2012)는 통합적 융합인재교육 실행에 있어 교사가 의도적으로 관련 교과를 통합하는 것이 중요함을 제안하고, 예술이 다른 영역을 융합하여 나아갈 방향을 잡는 데 유용한 역할을 할 수 있다고 주장하며 STEAM교육을 제안하였다. Daniel Pink(2012)는 과거 정보화 시대는 좌뇌형 재능을 갖춘 지식근로자가 주도하였다면, 미래는 창작하는 사람, 공감능력이 있는 사람, 예술가, 발명가, 디자이너, 스토리텔러 등 창조, 공감, 큰 그림을 그리는 사람을 필요로 하는 하이콘셉트high-concept, 하이터치high touch 시대라고 하였다.

최근 우리나라에서도 영유아기 융합인재교육의 중요성을 인식하고 있으며, 음률, 미술 활동 등을 수·과학과 통합한 융합인재교육 프로그램을 만 5세 유아에게 적용하였을 때 유아의 문제해결력, 창의적 인성, 정서지능 향상에 효과가 있다고 (조형숙·김민정·남기원, 2014) 한다.

영유아가 일상의 경험에서 갖게 되는 흥미와 관심은 관련 음악 활동 내에서 의미 탐색과 다양한 표상, 감상을 이끈다. 탐색에 이어서 표상 활동에 대한 질적인 감상 활동의 순환은 프로젝트 수업을 가능하게 한다.

현상에 관한 흥미진진한 관심이 탐구로 구체화될 때 유아는 자신이 표현하고자 하는 고유한 의미를 활동으로 표상하며 즐거움과 만족감을 느끼게 된다. 표상에 대한 서로의 생각과 느낌을 공유하고 나누는 감상 활동은 다음 단계의 놀이에 대한 새로운 아이디어를 창출하고, 이어서 심화·확장된 프로젝트 수업을 가능하게 만든다.

탐구 활동은 문제를 지각하여 문제해결 능력을 발달시키고, 유연한 사고와 협력, 배려의 과정은 더욱 심화된 차원의 발견을 통하여 창의적인 놀이로 펼쳐진다. 즉, 상황과 맥락에 기반한 유아의 흥미와 관심은 유아의 고유한 생각으로 몰입된 창의적 놀이 교육과정이 운영되도록 기여하는 최고의 연료 역할을 하게 되는 것이다.

영유아가 중심이 되는 이상의 맥락에서 '영유아가 원하는 놀이는 무엇인가'에 대하여 이해하는 것은 매우 중요하다. '소리를 찾고 듣고 즐기는 예술경험', '유아의 생활 세계를 담아내는 이야기', '자연스러운 성장을 안내하는 미적 경험', '현상의 핵심을 표현하는 음악 개념에 대한 이해', '독특한 고유 의미의 개별화', '끝없이 이어지는 융합 놀이' 등 영유아가 본래 원한다고 여기는 내용에 관하여 음악교육을 수강한 예비교사가 성찰한 내용을 중심으로 살펴보도록 한다.

다음과 같은 예비교사의 자기성찰 내용에서 다양한 리듬악기 연주는 영유아들이 탐색을 통해 가장 좋은 소리를 찾는 놀이로 안내됨이 바람직하다. 악기를 연주하는 옳은 방법에 초점이 맞춰질 때 유아들이 즐기고 싶은 영유아 본연의 놀이는 사라지게 된다.

> 유아 1: 어떻게 하면 그런 소리가 나지?
> 유아 2: 으-응. 이렇게 잡고 손을 이렇게 구부려서 힘을 빼고 이렇게 '통' 쳐 봐!
> 유아 1: (악기 소리를 낸다) 이렇게?
> 유아 2: 좋은데. 이번엔 내 소리도 들어 봐. - KK 예비교사(2018. 4).

영유아에게 음악은 '소리와 함께 즐기는 놀이'이며 '소리를 듣고 만들며, 듣고 찾고 만드는 과정에서 즐거워하는 삶 그 자체'이다. 소리 音, 즐거울 樂, 청 체험은 '음악 청'에 이르러서 감각적 반응이나 감정 향수에서는 결여되어 있던 창조적 성격을 획득할 수 있게 됨과 동시에 예술 체험으로 성립되는 것이다(이종영, 2013). 모든 소리 안에서 영유아가 즐겁고 건강하게 성장할 수 있다는 면에서 영유아음악교육은 즐거움과 아름다움을 선물하는 교육이다.

흔히 '영유아음악'은 영유아가 동요를 부르고 악기를 연주하는 제한적 수업에 머물게 되는 경우가 많다. 영유아음악이란 민족별 · 시대별로 다양한 철학과 문화와 관련된 이야기, 영유아의 삶과 관련된 이야기를 중심으로 영유아 스스로 느끼고 생각한 의미를 표현하는 시간예술이라 할 수 있다. 따라서 영유아가 보고 듣고 느끼는 생활 세계의 이야기를 노래, 악기, 춤, 극놀이로 표상하는 다양한 내용이 활동으로 재구성된다.

> 교사: 아침에 유치원에 올 때 바람이 많이 불어서 힘들었겠네.
> 유아: 옷을 꽁꽁 여몄어요. 머리가 막 날려서 머리를 숙이고 빨리 걸었어요.
> 교사: 그럼, 어제 아침에 유치원에 올 땐 날씨가 어땠더라?
> 유아: 비가 왔어요.
> 유아: (우산을 쓰고 빗물이 우산 속으로 들어오지 않도록 우산을 이리저리 돌리면서) 물이 고여 있어서 살짝 뛰어넘기도 했어요.
> 교사: (날씨판을 보여 주며) 그저께 날씨는?
> 유아: 해가 떴어요.
> 교사: (스토리텔링으로 노랫말을 풀어 이야기해 준다.)
> (1절과 2절을 연속하여 노래 부른다.)
> 유아: 쨍 쨍 쨍 쨍 쨍쨍쨍쨍쨍.
> 죽 죽 죽 죽 죽죽죽죽죽.
> 교사: 그럼 해가 떴다가 갑자기 비가 온다면 어떤 노랫말로 부를까?
> 유아: 쨍 쨍 쨍 쨍 죽죽죽죽죽.
> 죽 죽 쌩 쌩 죽죽죽쌩쌩.
> 이렇게 하면 비가 오고 바람 불고 또 비가 오고 바람이 부는 거예요, 선생님.
>
> - S 예비교사(2018. 5).

이 활동은 영유아들이 노래를 부르면서 매일 일상에서 경험하게 되는 날씨 현상에 대하여 이야기 나눈 뒤 그 특징을 묘사하는 의성어와 의태어를 생성함과 동시에 노랫말을 재구성하고, 신체 활동으로 연계하면서 노래와 리듬악기 연주 활동으로까지 이어지는 자연스러운 심화 활동과 확장 활동이 가능한 수업내용이다.

영유아와 관계를 맺고 있는 주변의 모든 생활 주제와 현상이 음악 안에 담겨 있기에 영유아는 음악 활동을 하면서 자연스럽게 지속적인 성장과 발달을 해나갈 수 있다. 음악 안에서 가족과 친구, 이웃의 소중함을 인식할 수 있고, 영유아를 둘러싼 사회 현상과 자연 현상에 대한 이해가 음악이라는 미적 경험 안에서 가능해진다.

영유아들 눈으로 보고 귀로 듣고 온몸으로 느끼는 세계가 그대로 시가 되고, 노랫말로 음미되고 음악으로 전해지는 미적 경험이 된다.

> 날고 있는 나비를 보고 있으면 날개가 궁금해진다. 얇고 가벼운 날개로 미끄러지듯 이 날다가 살며시 날아오른다. 살짝 앉았다가 다시 팔랑팔랑 리드미컬하게 하늘거리는 날갯짓. 살랑살랑 불어오는 바람결과 함께 봄 풍경이 펼쳐졌다. 따뜻한 봄기운이 내 몸을 감싸는 느낌이 든다. 나비가 살랑살랑 날아다니는 느낌을 살려 천천히 노래를 불렀다. 쳐지지 않게, 늘어지지 않게, 가볍고 경쾌하게. - P 예비교사(2018. 3. 13).

예를 들어, 동요 '나비야'는 나비 생김새의 특성과 움직임, 배경 요소가 함께 어우러진 미적 발달을 이끈다.

또한, 동요 '산토끼'는 산토끼가 자유롭게 뛰어다니는 모습을 보고, 일제강점기의 우리나라 어린이들도 토끼처럼 자유롭게 놀고 자라면 좋겠다는 마음을 담아 어린이들의 희망과 꿈을 키워 주고자 만들어진 노래이다(이일래, 1938). 이러한 역사적 내용에 대한 이해에 따라 유아들의 노래 부르기와 신체표현은 달라진다. 자칫 산에서 토끼가 뛰어다니는 모습을 표현하는 정도로 곡을 이해할 수 있으나, 곡의 핵심을 이해한 유아는 '깡충깡충' 부분에서 산토끼가 자유롭게 뛰어다니는 모습에 대한 의미를 인식하고 '♪.♬♪.♬' 리듬을 더 생동감 있게 표현하게 될 것이다. 이러한 활동에서 '깡충', '껑충' 등 뛰는 모습을 강조하는 활동명과 자유롭게 뛰는 움직임 활동이 포함된 활동 내용, 이것과 연관성이 있는 활동 목표가 설정된다.

> 산토끼 동요를 만드신 이일래 선생님의 이야기를 듣고 부른 '산토끼' 동요는 완전히 다른 분위기였다. 리듬을 살려서 노래를 부르니 더 생동감 있는 노래가 되었고 우리의 움직임도 깡충깡충 잘도 뛰어다니는 산토끼가 되어 있었다. 활동 내용, 활동 목표, 활동명 또한 곡의 해석에 따라서 완전히 달라졌다. - JJ 예비교사(2018. 4).

영유아의 개별적 표현이 적극적으로 격려될 때 다양하고 창의적인 음악적 사고와 표현 능력이 발달된다.

> 영유아의 생각에 따라 곡의 빠르기가 달라지기도 한다. 하늘에 유유히 떠다니는 비행기를 본 영유아는 매우 천천히 노래 부르기를 원할 것이며, 굉음을 내며 매우 빠른 속도로 날아가는 비행기를 본 영유아는 빠른 속도로 힘 있게 노래 부르고 싶어할 것이다. 영유아들이 마주한 상황과 맥락에 따라 곡의 느낌과 구성은 달라진다.
> - Z 예비교사(2018. 5).

> 내가 본 비행기 또는 친구가 본 비행기에 따라 다른 느낌으로 연주된다. 각자가 만난 장면이 고유의 멜로디에, 리듬에, 강약에, 템포에 담기게 되는 음악의 세계에서 영유아는 멋진 작곡가다!
>
> - F 예비교사(2018. 5).

음악의 구성요소는 영유아가 이해하기 어려워 영유아기 학습내용으로는 적합하지 않다고 생각하는 경우가 있다. 청각적 지각력이 민감하게 발달하는 영유아기에는 듣기 경험이 많아질수록 음악 구성요소의 개념을 빠르게 이해하게 된다. 자연현상에 대한 상황과 맥락을 담은 놀이 안에서 과학 개념과 융합될 때 영유아의 청지각 능력 발달은 촉진된다.

> 쇼팽의 '빗방울 전주곡'을 들으며 창밖에 내리는 빗방울을 감상했다. 창문에 내려앉는 크고 작은 빗방울들. 또르르 구르고, 점, 점, 점 내려앉고, 살며시 만지고 달아나고…. 한참 물끄러미 바라보니, 빗방울을 만지고 싶었다. 창문을 조금 열고 손바닥을 펼치고 빗방울과 만났다. 와! 따뜻해. 부드러워. 손등을 위로 올렸다. 손등 위에 작은 섬들이 생겼다. 빗방울이 겹쳐지며 섬이 커진다.
>
> "이 섬 안엔 어떤 사람들이 살고 있니? 빗방울아, 넌 아니?"
>
> 이어서 자신에게 찾아온 빗방울의 이야기를 피아노로 딩딩 동동♪♬ 연주하게 해볼까? "어떤 이야기야? 말해 줘. 궁금해."라고 말해 볼까?
>
> 우와! 빨리 선생님 되고 싶다!
>
> - N 예비교사(2018. 4).

> 쇼팽의 '빗방울 전주곡' 음악을 들으며 빗방울과 만난 경험은 저마다 많은 생각을 떠올리며 움직이도록 했다. 중간중간 나오는 '딴딴딴' 멜로디 부분에서는 친구들의 다른 해석이 이어졌다. 특히 '위에서 아래만 보며 떨어지는 비'라고 생각한 은영이는 '딴딴딴' 연주되는 부분에만 집중하며 '빗방울'을 표상하였다. '딴딴딴' 빗방울이 주인공이고 다른 멜로디가 연주되는 부분은 배경이라 생각했단다.
>
> 마당에 핀 목련, 벚꽃이 반기며 좋아하는 모습은 배경이 되고 빗방울은 주인공!
>
> 흥미진진한 세계가 한도 없이, 끝도 없이 펼쳐지고 있다.
>
> - LL 예비교사(2018. 4).

이상의 수업내용은 음악과 문학, 동작 활동을 융합한 음률 활동이며 융합의 중심에는 음악이 자리 잡고 있다.

음악이란 소리의 울림 그 자체만이 아니라 청자의 상상 속에서 새롭게 살아나는 음 관계의 표상으로 만들어지는 예술이다(이종영, 2013). 홍미란 '자아와 대상의 맞물림' 혹은 '자아가 대상 속에 몰입되어 있는 상태'로 대상에 대하여 갖는 즉흥적인 관심이 아니라 대상과의 긴밀한 상호작용을 통해 자아와 대상이 함께 맞물려 변화해 가는 맥락으로 이해해야 한다(Dewey, 1916, 김무길, 2008, 재인용).

음악을 들으면서 상상을 통해 떠올린 이미지로 구성하는 창의적 놀이 안에는 '흥미'가 녹아 있다. 흥미는 일시적이지 않으며 연속적으로 심화되고 확장되어 창의적인 경험의 성장을 촉진시킨다.

> 창밖에 내리는 빗방울을 만지고 창문에 빗방울이 만들어 내는 선들을 감상한 후 '빗방울 전주곡' 음악을 들으며 '비 오는 날' 공동 작업을 하고요, 커다란 화선지에 빨간색, 주황색, 파란색 물감을 뿌리고 유치원 로비 큰 벽에 전시하고요, 감상을 하면 좋겠어요. - LL 예비교사(2018. 5).

> "어! 그림 속에는 굵은 비도 있고 가는 비도 있어요. 왜 어떤 비는 굵고 어떤 비는 가늘까요?" 교수님은 순간 유아가 되어 우리에게 물어보신다.
> '세차게 내리는 비와 힘없이 내리는 비, 선의 굵기, 빗줄기에 따른 소리의 차이, 비가 오는 방향'은 수학과 과학의 세계로 우리 예비교사를 초대한다. - LL 예비교사(2018. 5).

음악 활동에서부터 미술, 과학, 수학으로 융합되는 과정에서 학습자가 갖게 되는 무한한 흥미와 궁금증은 '수업의 연료'이다. 구체적인 의미를 나누는 상호작용이 가능한 수업 내에서 이 연료는 고갈되지 않는다.

STEAM교육은 예술 활동을 중심으로 미술, 과학, 문학 활동을 통합하면서 프로젝트 수업을 가능하게 한다. 기존의 STEAM교육이 영역 간 개별성과 독립성을 유지함으로써 진정한 의미의 융합이 되지 못하다고 지적한 Sanders(2009)의 비판에서 볼 때 진정한 의미의 융합교육은 삶으로, 놀이로 융합하기를 원하는 영유아기에 가장 효과적으로 실천될 수 있다는 사실을 '끝없이 이어지는 음악놀이'에서 확인할 수 있다.

즉, 창의 · 융합 음악놀이는 교육내용 간 그리고 교과 간에 융합을 이루면서 음악의 형식적 의미와 표현적 의미, 지시적 의미가 함께 추구될 수 있다. 더 나아가서 이러한 의미가 '창의적이고 융합적인 놀이 경험의 끊임없는 재구성 과정'으로 이해될 때 신체 · 정서 · 사회성 · 인지 · 언어 · 창의성 발달 등 전인 발달을 도모하는 심미적 음악놀이의 즐거움과 발달적 · 교육적 효과는 극대화될 수 있다고 본다.

3 창의 · 융합에 기초한 영유아 음악놀이의 사례

음악적 삶과 놀이 경험은 영유아 중심의 탐색 · 표현 · 감상 활동이 끊임없이 재구성되는 과정에서 음악과 타 분야를 지속적으로 연계하면서 전인 성장과 전인 발달을 촉진시킨다.

다음 관점에서 창의 · 융합에 기초한 음악프로그램 구성 내용과 방법에 대하여 생각해 보도록 한다.

첫째, 음악놀이 안에서 유아가 경험하는 탐색 활동, 표현 활동, 감상 활동의 융합은 어떠한가?

둘째, 음악놀이 안에서 유아가 경험하는 삶의 가치와 의미는 어떠한 발달을 융합하는가?

셋째, 음악놀이 안에서 실천되는 교과 간 융합은 어떠한가?

넷째, 음악놀이 안에서 실천되는 창의적 과정은 어떠한가?

영유아 음악놀이는 영유아에게 있어서 능동적인 삶이자 자발적인 놀이이다. 듣기와 노래 부르기, 악기 탐색과 연주, 악기 만들기, 신체 활동, 음악극 활동을 즐기면서 창의 · 융합적 소양이 계발된다. 즉, 풍부한 상상력과 집중력이 향상되고, 배려와 협력 등 사회성과 정서 발달이 함양되며, 수 · 과학을 연계하고 도구나 기계를 활용하면서 주어진 문제를 다양한 방법으로 해결할 수 있는 창의적인 사고와 더불어 긍정적인 자아 개념과 성취감을 증진시키다.

예비교사는 다음과 같은 활동 계획을 세우며 주제 선정에 대한 근거를 밝혔다.

활동 3-1

주제 선정의 근거

나의 유아음악교육 수업 시간, 다양한 악기를 탐색할 수 있는 시간이 주어졌다.
처음 본 악기들과 신기한 악기들은 나의 눈을 사로잡았고,
악기를 만져 보고 더 주의 깊게 보고 싶었다.
대학생인 나도 악기에 호기심을 가지고 오랜 시간 흥미로웠는데,
유아들은 나보다 더 재미있고 즐거워할 것 같았다.
그래서 아이들에게 다양한 악기를 마음껏 탐색할 수 있도록(1회 수업) 하고 싶었고,
이후 '열매껍질 셰이커'를 더 관찰하여 직접 자연에서
자신만의 악기를 만들어 보는 활동을 계획하게 되었다(2회 수업).
이는 내가 악기를 탐색하면서
많은 악기가 자연의 재료로 만들어졌다는 것을 깨닫고 나서
아이들에게도 그것을 전달하고 싶었기 때문이다.
이 활동을 통해 아이들이 자연에 더 감사하고 자연을 사랑하는
마음 넓은 유아들로 자랐으면 하는 소망이 담겨 있다.

도입: '열매껍질 셰이커'에 대해 안다.

T (‘열매껍질 셰이커’를 흔들며 아이들을 주의집중시킨다.)
무슨 소리지? (‘열매껍질 셰이커’로 다양한 소리를 낼 수 있다.)
우리 지난 시간에 들어 본 소리 같은데….
맞아. ‘열매껍질 셰이커’야.
C 이 악기의 달린 것은 무엇일까?
밤껍질.
조개껍데기요.
사탕이요.
돌멩이 같아요.

T 음, 친구들이 비슷하게 생각을 한 것 같아.
여기에 달린 것은 열매를 말린 것 또는 열매껍질이에요.
이렇게 흔들면, 맑은 음색이 나는데, 우리 어떤 소리가 나는지 입으로 소리 내 보자.
옛날에 살던 사람들은 왜 이런 악기를 만들었을까?
어떻게 이 악기를 만들 수 있었을까?
언제 이 악기를 사용했을까?

전개: '열매껍질 셰이커'를 만들어 본다.

1. 옛날 사람들이 '열매껍질 셰이커'를 어떻게 만들었는지 이야기해 보면서 자신의 악기를 어떻게 만들지 생각한다.

2. '열매껍질 셰이커'를 자세히 관찰하면서 어떤 재료가 필요할지 예상할 수 있다.

3. 자연에서(숲속이나 수목원 등 야외 활동 공간에서) 나만의 '열매껍질 셰이커'를 만들 재료를 찾아본다.

4. 자연에서 얻은 재료로 자신의 악기를 직접 만들어 본다.
(교사의 도움 필요시 도와줌)

5. 자신이 만든 '셰이커'의 소리를 들어 보고 다양한 소리를 만들어 본다.

마무리: 노래와 함께 악기를 연주하며 춤춘다.

자신이 만든 악기의 소리를 친구들과 다 같이 들어 본다.

자신의 악기를 친구들에게 설명할 수 있다.

각기 다른 소리가 만들어진 것을 아이들이 인지할 수 있다.

모든 아이의 만들기 활동이 끝나면 '호키포키' 노래에 맞춰

춤을 춰 보며 활동을 마무리한다.

출처: 예비교사 이소연(2019. 5).

자연에서 접한 다양한 열매를 채집하여 소리를 내는 셰이커shaker 악기를 만들고 노래 부르며 춤추면서 악기를 연주하는 활동이다. 열매의 종류에 따라 각각의 많은 소리를 창출할 수 있고 열매의 촉감을 느끼며 소리를 듣는 감각을 경험할 수 있다. 또한, 형태와 색상의 다채로움과 일반 악기에서는 얻을 수 없는 독특한 소리를 통해 미학적이고 심미적인 경험의 의미를 나누고 싶어 하는 예비교사의 마음이 강의를 담당하고 있는 저자에게 고스란히 전해졌다.

이어서 '창의적이고 융합적인 놀이 경험의 끊임없는 재구성' 관점에서 다음과 같은 현장 수업으로 펼쳐질 수 있는 상황과 맥락을 안내하며 함께 생각을 모으는 시간을 가졌다.

가을 어느 날 해당 교사는 유아들과 함께 숲 산책하러 나간다.
가을바람을 만나며, 열매들을 보고 만지며, 조심스럽게 흙을 털어 열매를 주운 후 바구니에 담는 유아들의 행복한 정경이 눈에 들어온다.
발걸음도 가볍게 교실에 돌아온 유아들은 자신이 수집한 열매들을 하나, 둘, 셋 책상 위에 펼쳐놓겠지.
그리고 옆 친구에게 말할 것이다.

"이것 좀 봐. 정말 작지. 근데 들어 봐. (흔들며) 이런 소리가 나."
(흔들며) "요건 이런 소리가 나는데."
(흔들며) "와! 소리가 크지? 그래서 같은 모양으로 다섯 개를 담아 왔어."
"난 모두 묶어서 만들 거야. 하나, 둘, 셋, 넷, …, 열다섯 개다."
"그런데 어떻게 묶지?"
"본드로 붙일지, 끈으로 엮을지, 주머니에 담을지, 막대기에 끼울지…."

다양한 열매를 시각, 촉각, 청각으로 탐색하고 나누고 감상하며 바구니에 담아서 교실로 들어 온 아이들은 저마다 악기를 만들 기쁨에 들떠 있다. 그러나 본 단계는 유아들로 하여금 적잖은 생각과 고민을 하는 문제해결의 상황에 맞닿도록 만든다. 많은 시행착오를 거치는 과정에서 실패의 경험을 맛보게도 하지만, 그만큼 다양한 방법을 실험하고 깨달아 알게 되는 생생한 탐구수업과 발견학습, 문제해결의 장면 내에서 유아들의 상기된 표정과 몰두하는 모습은 사뭇 진지한 전문가 집단을 연상하게 한다.

- **생각과 고민, 탐구와 논의, 상상, 예측과 결정**

  예 이렇게 할까? / 아니지. 구멍을 뚫어서 줄을 넣고. / 구멍을 어떻게 뚫지? / 송곳 주세요. / 줄로 연결할까? / 줄 넣는 구멍을 만들자. / 줄 구멍을 어떻게 만들까? / 모아 흔들면 '달달' 소리가 나겠지.

- **실망감과 놀람, 예측하지 못한 결과에서 맛보는 당혹스러움**

  예 왜 안 들어가지? / 힝, 깨졌어. / 어! 금이 가네. / 왜 소리가 안 나지? / 이 소리가 아닌데.

- **질문과 요청, 배려와 협력**

  예 어떻게 연결했어? / 이렇게? / 저렇게? / 이 줄은 어떻게 묶지? / 이것 좀 잡아 줄래? / 그래. 잡아 줄게. / 이제 당기면 돼.

- **발견과 문제해결, 성취감**

  예 아, 됐다. / 멋지지? / 내가 소리 들려줄게. 들어 봐. / 어때? 소리 좋지? / 우리 음악 틀고 춤추자. / 나 사진 찍어 줄래. / 응. 우리 동생반에 가서 보여 주자.

당면 과제를 해결하기까지 몇 회의 프로젝트 활동이 진행될 수 있다. 또한, 악기를 연주하며 춤추는 음악 활동의 효과를 더욱 배가시키기 위해 그림자 막을 이용하는 수업으로 심화·확장될 수 있으며, 그림자 막 만들기, 광원 선택과 거리 조절하기, 음악 선택 등의 프로젝트 수업이 한 달여 동안 흥미진진하게 운영될 수도 있을 것이다. 영유아 중심의 창의·융합 음악놀이는 한도 끝도 없이 다양한 발달을 지속적으로 가속화시키는 재구성 과정의 놀이이며 삶이다.

또한, 음악 활동을 통하여 심미적 경험과 표상을 하며 신체, 정서, 사회성, 언어, 인지, 창의적인 통합 발달을 이룰 수 있다. 이를 위하여 영유아 음악수업 계획 시 지식, 기술, 태도의 통합적 목표가 설정되어야 한다. 영유아의 발달 특성과 그들의 요구에 적합한 활동을 통해 긍정적인 감정을 경험하고 통합적인 발달을 도모할 수 있도록 영유아의 흥미와 관심, 발달에 적절한 과정 중심 활동이 되도록 지원한다.

다음 활동은 어떤 발달을 도모할 수 있는가?

생상스의 "동물의 사육제" 중 '서주와 사자왕의 행진'을 통한 만 5세의 음악 활동이다.

활동 3-2 | 활동계획안

음원 파일을 준비하여 유아들이 자유롭게 들을 수 있도록 제공하고 다양한 동물의 소리 음원을 들려주도록 한다.

활동의 도입

① 사자의 사진을 보여 주며 사자에 관한 특성과 유아들의 경험에 대해 이야기 나눈다. '사자를 본 적이 있니? 어떻게 생겼니? 어떻게 걸을까?' 등에 대하여 이야기를 나눈다. 더불어 교사는 사자의 특성에 대해 간단하게 소개한다.

활동의 전개

② 음악을 들려주고 느낌을 나누며 음악과 작곡가에 대해 아이들의 경험과 연관지어 이야기를 나눈다. 노래를 듣고 어떤 느낌과 기분이 들었고 생상스가 사자의 어떤 특징을 표현한 것 같은지, 사자의 어떤 모습이 떠오르는지에 대해 이야기를 나눈다. 그 후 이 음악이 어떤 악기로 연주되었으며 생상스가 이 곡을 만든 의도를 쉽고 재미있게 설명해 준다. 예를 들면, '생상스는 피아노와 현악합주를 이용해 동물의 왕인 사자를 멋있고 위풍당당하게 표현했단다.'라고 설명한다.

③ 그다음으로, 음악을 들으며 음악의 느낌과 동물의 움직임을 몸으로 표현해 본다. 사자를 자신의 몸으로 표현해 보고 사자의 몸짓을 표현하기 위해서 몸을 어떻게 만들어서 표현할지, 음악이 경쾌하고 위풍당당해지는 부분에서는 어떤 느낌이 들었고 어떻게 표현하면 좋을지 표현해 본다. 또한, 3~4명 정도의 친구들이 모여 움직임을 생각하고 표현해 보기도 한다.

④ 사자의 움직임을 떠올리면서 음악을 다시 감상해 본다. '음악을 다시 들어 보니 어떤 느낌이 들었니? 몸으로 표현했을 때 어떤 느낌이 들었니? 사자가 어떻게 움직이고 있는 것 같니?' 등을 생각하고 이야기 나누며 표현한다.

♫♪ 활동의 마무리

⑤ 음악을 감상한 것에 대해 이야기 나눈다. 음악에서 어떤 점이 가장 기억에 남는지, 사자를 표현할 수 있었는지, 사자가 되어 걸어 본 느낌은 어땠는지, 다른 동물은 어떻게 표현하면 좋을지 등에 대해 이야기 나누고 연계 활동으로 심화·확장한다.

출처: 예비교사 김도희(2018. 11).

[활동 3-2]에서는 다음과 같은 발달을 도모할 수 있다.

첫째, 유아는 태내에서부터 소리에 반응을 하며 출생 후 본능적으로 소리와 음악에 반응을 보이며 몸을 움직이면서 신체가 발달하게 된다. 유아는 '서주와 사자왕의 행진' 음악을 듣고 신체를 자유자재로 사용하며 음악과 동물의 움직임을 표현하는 활동 등을 통해 유아의 몸은 본능적으로 음악에 자연스럽게 반응해 움직이게 된다. 유아는 사자의 특징과 움직임, 사자의 어떤 모습을 음악으로 표현했는지 생각하고 음악에 대해 자신의 느낌을 표현하고자 한다. 그러므로 음악에 귀 기울이고 탐색하며 발을 구르고 뛰고 걷고 온몸으로 반응하면서 신체를 움직이는 실험과 탐색을 하며 신체 발달을 하게 된다.

둘째, 사회성 발달을 도모할 수 있다. 친구와 함께 음악과 사자를 몸으로 표현하면서 친구와의 관계를 형성해 나간다. 친구의 움직임을 따라 하면서 참여와 나눔, 협동을 보일 수 있다. 또한, 노래를 몸으로 표현해 보면서 긍정적인 감정을 표현하고 나누며 상호작용하고 협동, 공유와 같은 사회적인 활동을 하며 서로의 생각과 관점을 나누고 이해할 수 있다. '나는 이렇게 생각했는데, 내 친구는 저런 생각을 했네? 와! 재미있는데.'라는 생각을 나누고 활동하면서 사회성과 자아정체성과 같은 성장·발달을 주체적으로 이끌 수 있다.

이 활동은 악기 연주 활동으로 연계할 수 있다.

- 이전 활동에서 표현해 본 사자의 움직임을 회상하며 이야기를 나눈다. 사자가 어떻게 걸었는지, 사자의 움직임을 어떻게 표현했지 등에 대해 이야기 나눈다.
- '서주와 사자왕의 행진'을 감상하고 이야기를 나눈다. 어떤 느낌, 기분이 들었는지, 사자의 어떤 모습을 표현한 것 같은지, 어떤 악기를 사용한 것 같은지, 어떤 악기를 사용해서 노래를 연주하면 좋을지 이야기를 나눈다.
- 음악을 감상하면서 악기로 음악의 느낌, 사자의 움직임을 표현한다. 음악을 웅장하고 위엄 있게 연주하는 부분에서 사자의 어떤 모습이 떠오르는지 이야기 나누고, 떠올린 사자의 모습과 움직임을 악기로 연주해 보거나 표정, 몸짓으로 표현해 보는 활동을 한다.
- 유아의 악기 연주를 녹음하고 사자의 어떤 모습을 표현한 것인지 이야기 나눈다. 사자의 모습을 표현한 음악을 들어 본 느낌을 이야기 나누고 악기로 연주하면서 가장 기억에 남는 부분은 어떤 부분인지, 백조, 거북 등 다른 동물은 어떻게 표현하면 좋을지 이야기 나눈다.
- 활동을 마무리하면서 목표달성 여부 등을 평가하고 재동기를 부여하며 후속 활동으로 연결되는 질문을 한다.

셋째, 창의성 발달을 이룰 수 있다. 교사는 영유아에게 음악과 악기의 표현에 관한 생각과 느낌, 그것을 어떻게 표현할지 이야기 나누며 자율적으로 탐색하고 탐구하는 기회를 제공한다. 유아는 음악의 주인공인 사자가 되어 사자의 이야기와 생각, 느낌을 실감 나게 표현하도록 한다. 이는 유아의 상상력 발달과 대상과 상황을 표상하는 표현력 발달을 돕는다. 또한, 사자의 어떤 특징을 곡에 담고자 하였는지 작곡가의 의도를 생각하고 추론해 볼 수 있다. 이와 같이 유아 스스로 독창적으로 생각하고 표현해 보면서 상상력과 표현력, 창조·창의적인 능력을 기를 수 있게 된다. 또한, 유아는 자신이 연주한 악기 소리를 녹음하고 감상하면서 음악에 대한 느낌을 재조직 · 재구성하는 과정을 통하여 창의성 발달을 도모할 수 있다.

넷째, 심미적 발달을 도모할 수 있다. 음악을 감상하고 악기를 탐색하며 다양한 소리로 음악의 셈여림과 빠르기, 리듬 등을 연주한다. 소리 활동이 자아내는 아름다움을 느끼며 음악으로 표현하는 활동 경험을 통해 영유아의 심미감이 형성된다. 유아는 음악과 소리를 탐색함으로써 아름다움과 풍부한 감정, 충만함, 감동을 느낀다. 이는 유아에게 심미적 차원의 음악 경험을 지각하고 통합하도록 돕는다.

4 누리과정과 표준보육과정

누리과정이나 표준보육과정에서 제시된 내용 범주와 구체적인 내용은 교육 현장에서 활동을 융합 · 구성하도록 이끄는 데 있어서 주요한 지침이 된다.

3 · 4 · 5세 누리과정의 예술경험 영역에 '아름다움 찾아보기' 내용 범주에서 '자연과 생활에서 아름다움을 느끼고 즐긴다', '예술적 요소에 관심을 갖고 찾아본다' 내용을 제시하고 있고, '창의적으로 표현하기' 범주에서는 '노래를 즐겨 부른다', '신체, 사물, 악기로 간단한 소리와 리듬을 만들어 본다', '신체나 도구를 활용하여 움직임과 춤으로 자유롭게 표현한다', '다양한 미술 재료와 도구로 자신의 생각과 느낌을 표현한다', '극놀이로 경험이나 이야기를 표현한다' 내용이 제시되어 있다. '예술 감상하기' 내용 범주에 보면 '다양한 예술을 감상하며 상상하기를 즐긴다', '서로 다른 예술 표현을 존중한다', '우리나라 전통 예술에 관심을 갖고 친숙해진다' 내용을 제시하고 있다.

표준보육과정에서도 예술경험 영역에 '아름다움 찾아보기' 내용 범주에서 '예술적 요소 탐색하기' 내용이 제시되어 있고, '예술적 표현하기' 범주에서 '리듬감 있는 소리와 노래로 반응하기', '움직임으로 표현하기', '모방과 상상놀이 하기' 내용을 제시하며, 예술 감상 범주에서는 '소리나 노래 즐겨 듣기', '다양한 예술 감상하기' 등을 내용으로 제시하고 있다.

누리과정의 예술경험 영역의 '아름다움 찾아보기', '창의적으로 표현하기', '예술 감상하기' 내용 범주에서 제시된 바와 같이 유아는 활동 안에서 탐색과 표현, 감상을 늘 통합적으로 경험하고 있다. 즉, 교과 간 융합이 자연스럽게 이루어지고 있음에 주목하여야 한다.

탐색은 감각적 · 직접적 경험을 통해 미적 특질을 지각하는 것이고, 표현은 음악, 움직임, 춤의 형태로 표상하는 것이며, 감상은 표현된 소리와 음악 내에서 미적 가치를 느끼는 것으로, 탐색과 표현, 감상의 내용 영역은 각각 독립적으로 분리되는 것이 아니라 서로 연관되는 영역으로 통합되어야만 한다(이정욱 · 임수진, 2010). 이러한 점에서 신체 활동, 노래 부르기와 악기 연주하기, 음악극 활동, 노래동화 등의 내용은 음악 듣기 또는 감상하기 활동과 분리될 수 없다. 이것이 통합적으로 운영될 때 더욱더 깊이 있고 의미 있으며, 창의 · 융합에 기초한 다양한 놀이를 영유아에게 제공할 수 있을 것이다.

생각하기

❶ 영유아의 놀이 상황과 맥락을 고려한 창의 · 융합에 기초한 음악 활동을 구성해 봅시다.

4

음악의 구성요소

왜 우리는 음악을 즐기는가?

왜 우리는 음악에 지속적인 흥미와 관심을 보이며 적극적인 참여와 반응을 하는가?

우리가 음악에 대하여 흥미와 관심을 보이며 즐기는 것은 리듬과 박자, 선율, 반복과 조화를 이루어 내는 소리에 매력과 감동, 아름다움을 느끼기 때문일 것이다. 다양한 소리의 성질을 이해하고, 그것의 같고 다름을 구별하거나 식별하고 분류하는 능력의 발달은 음악을 구성하는 요소의 개념에 대한 발달로 이어진다. 이러한 개념의 이해는 음악에 담긴 아름다움을 표상해 내고, 음악을 더 질적으로 탐색하며 표현하고 감상하도록 돕는다. 영유아기의 음악 경험은 평생의 음악생활에 영향을 미치며 성공적인 음악생활을 하는 데 중요한 역할을 하게 된다(Gordon, 1990)는 점에서 음악의 구성요소와 그 개념을 이해하는 것은 매우 중요하다.

음악의 구성요소에 대한 반응은 영유아의 발달 단계별 특성에 따라 다르게 나타난다. 예를 들어, 요람에 누워 있는 아기는 엉덩이 등 몸의 움직일 수 있는 부분을 최대한 움직이며 요람을 흔들고, 음악의 소리와 박자에 반응함으로써 박자를 느끼고 리듬을 표현한다. 점차 앉게 되고 양손을 움직일 수 있게 되면서, 손을 마주 대어 손뼉치기, 고갯짓하기, 손을 쥐락펴락하며 팔 흔들기 등 몸이 표상 가능한 박자 놀이를 즐기게 된다. 이동 움직임이 나타나는 1세 이후에는 서고, 걷고, 뛰는 등 동작 활동을 하거나 다양한 소도구나 리듬악기 연주하면서 좀 더 박자를 구체적으로 표현하게 되고 놀이로 발전한다.

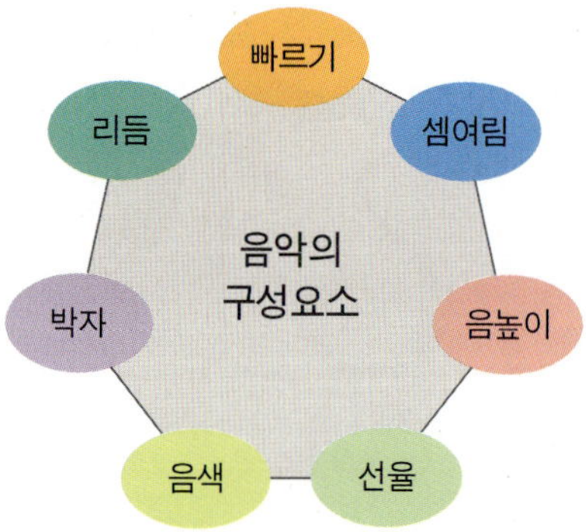

[그림 4-1] 음악의 구성요소

음악의 구성요소에 대한 개념은 학자마다 다르게 제시하나, 일반적으로 다음과 같이 분류한다(강보라, 2017; 심성경 외, 2017; 안미숙 · 신원애, 2016).

1 음색

음색timbre, tone color은 다른 것과 구별되는 소리의 특성으로 독특한 표현성을 갖는다. 인간의 귀에 들리는 다양한 소리는 저마다 다른 음질quality이 있고, 음질은 물체의 재료나 구조 및 크기, 두께 등에 따라서 달라진다.

음색을 구분하고, 음색에 따른 물체의 속성을 이해하고 구분하는 활동은 감상과 창의적인 활동의 기본이 된다. 예를 들면, 어머니와 아버지의 목소리, 남자와 여자의 목소리, 친구들의 목소리를 구분하는 활동, 교통기관에서 나는 소리, 주위 환경 및 자연에서 들을 수 있는 소리의 근원 찾기, 새의 종류에 따른 소리 구분, 악기 소리 구분 등의 활동 등이 이에 속하는 활동이다.

[그림 4-2] 음색

또한, 유아들이 듣게 되는 소리에 따라 물체의 물리적 속성을 이해할 수 있고, 분류, 포함, 유목화하는 활동 등을 경험하면서 물리적 지식과 논리·수학적 지식을 발달시킬 수 있는 기회가 된다.

예를 들어, 유아들은 물놀이를 할 때 다양한 물체를 갖고 노는 것을 좋아한다. 기구에 물을 담고 물을 따르면서 끊임없이 다른 소리를 만들어 낸다. 물을 따르는 기구의 높이에 따라 다른 소리가 난다는 사실과 물을 따르는 빠르고, 느린 속도에 따라 또 다른 소리가 만들어짐을 경험한 유아들은 지루함을 잊은 채 계속 반복하며 소리의 세계에 빠져든다. 또한, 긴 모양의 플라스틱 통에 물을 담고 막대기로 통의 이곳 저곳을 두드리며 서로 다른 소리의 차이점을 발견하고 실험하기도 한다. 물체에 담겨 있는 물의 양에 따라 통을 흔들거나 칠 때 만들어지는 소리가 다르다는 것과 물체가 물에 잠기는 높이에 따라서도 소리의 다름을 느끼며 신기해하기도 한다.

이러한 놀이 안에서 유아들은 다음과 같은 소리의 원리를 발견하게 될 것이다.

- 물체의 크기, 모양에 따라 물속에서 나는 소리는 달라.
- 물을 따르는 높이에 따라 다른 소리가 나지.
- 물체가 물속에 얼마만큼 잠기느냐에 따라 다른 소리가 들려.
- 통에 담는 물의 많고, 적음에 따라서 다른 소리가 만들어져.

2 박과 박자

박beat이란 박자metre의 단위이다. 박은 심장 박동이나 시계 소리처럼 일정한 시간 단위로 규칙적으로 되풀이되는 악센트의 주기적인 반복이다. 박자는 2박, 3박, 4박, 6박과 같은 박의 기본 그룹이며, 주로 강박이 오고 뒤에 약박이 따라오며, 주기적인 박이 묶임으로써 마디measure로 구분을 짓게 된다.

예를 들어, 행진곡 등은 강한 박, 자장가나 명상음악 등은 약한 박의 느낌을 지닌다. 영유아는 음악을 들을 때 주기적으로 몸을 흔들거나 고개를 끄덕이고 손을 올려 양쪽으로 흔들기 등으로 '박'에 반응한다. 또한, 음악을 들으며 손뼉치기나 발구르기, 악기로 강 – 약 – 중강 – 약, 강 – 약 – 약, 강 – 약, 강 – 약 – 약 – 중강 – 약 – 약 등 소리 내기, 손뼉 – 무릎 – 무릎, 어깨 – 무릎 – 가슴 – 무릎, 발 – 손뼉 – 손뼉 등의 활동을 통하여 '박'에 반응한다.

영아가 좋아하는 대표적인 동요는 '짝짜꿍', '작은 별', '나비야' 등이며 이 곡들은 박자가 뚜렷하다는 특징이 있다. 영아는 이 동요의 박자에 맞추어 손뼉을 치고 무릎을 굽히듯 춤추면서 자신 있게 음악을 즐기게 되는데, 분명한 박자에 반응하며 음악을 즐기고자 하는 영아의 특성이 그대로 반영되는 것이다.

1 박자 맞추기: 2/4박자, 3/4박자, 4/4박자

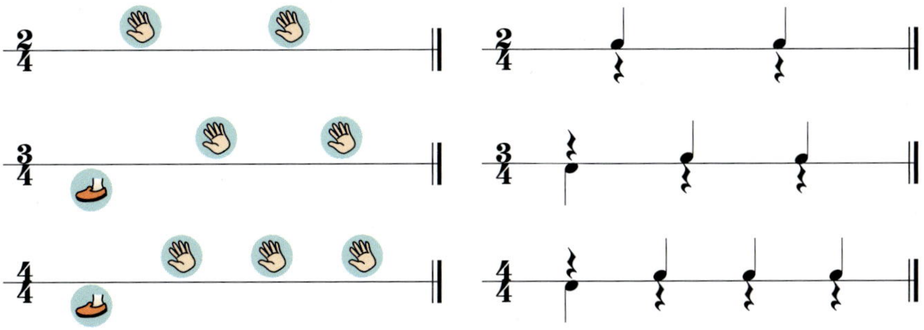

출처: 안미숙·신원애(2016).

2 박과 박자

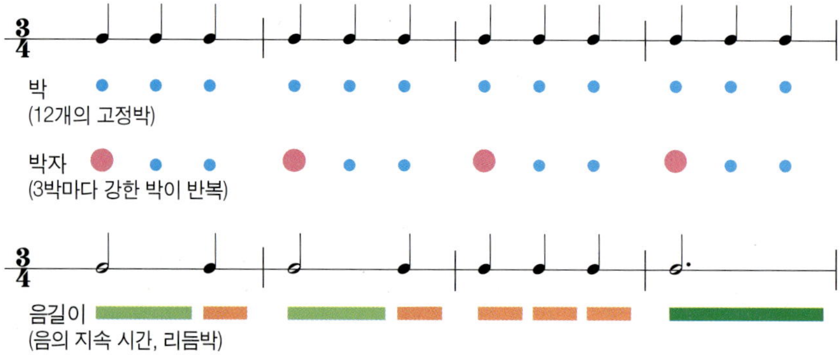

3 박자별 지휘 도형

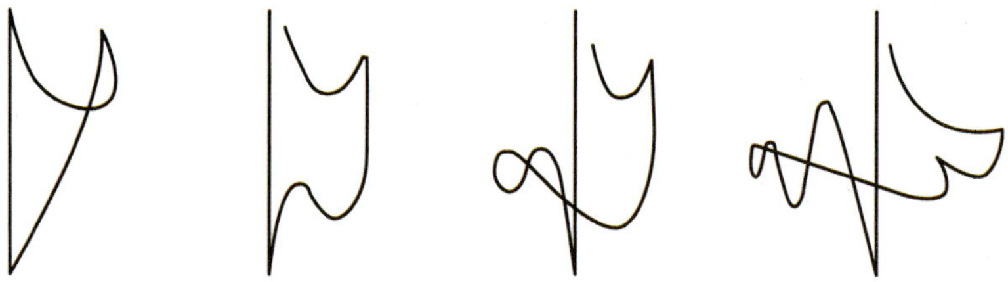

박자는 소리의 크기가 아니에요. 소리의 길이랍니다.

1박자(♩)는 (사과 1개), 반 박자(♪)는 (사과 반쪽)으로, 또는 1박자(♩)는 밤 모양, 반 박자(♪)는 대추 모양으로 음표를 배운 적이 있다. 박자는 시간의 길이인데, 박자를 사물의 크기로 배우는 것은 적절치 않다.
내가 교사가 된다면, 소리의 길이를 크기가 아닌, 길이의 시각으로 표현하고 싶다.

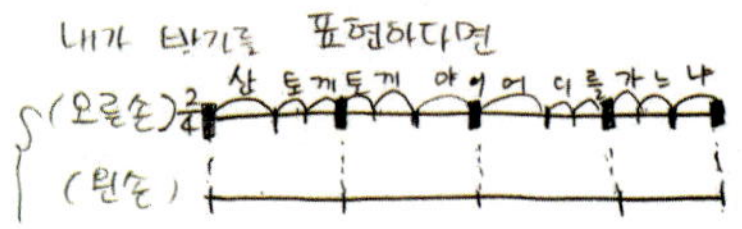

- 배○○(2017. 3. 31).

활동 4-1

다음 6/8박자를 연주해 보세요.

오빠 생각

최순애 작사
박태준 작곡

활동 4-2 | 박자 교구 위에서 '산토끼' 노래 부르며 뛰는 놀이

한 칸은 1박자

'산/토끼/토끼/야'
한 칸씩 뛰며 노래 부르니 박자 개념이 생겨요.
마지막 박자에서 두 친구가 가위바위보를 했고
진 친구는 이긴 친구들 줄 뒤로 가서 활동하니
재미있는 박자 게임이 되네요.
노래 부르고
박자를 즐기고
산토끼가 되어 깡충깡충 뛰면서 노는
산토끼 박자 게임을 구성했어요.

출처: 유아음악교육 강의 중(2019. 10. 11).

활동 4-3

동요 '멋진 눈사람'은 대표적인 엇박자 곡으로서 8분쉼표 후에 소리를 내는 남다른 묘미를 느끼게 한다. 8분쉼표 부분에서는 손뼉을 치거나 발을 구를 수 있고 유아가 원하는 악기의 소리를 내며 박자를 맞출 수 있다.

'멋진 눈사람' 동요 지도 시 다음과 같은 교수 매체가 사용되었다면, 어떤 활동 내용인지 생각해 보고 매체 제시 순서를 정해 본다.

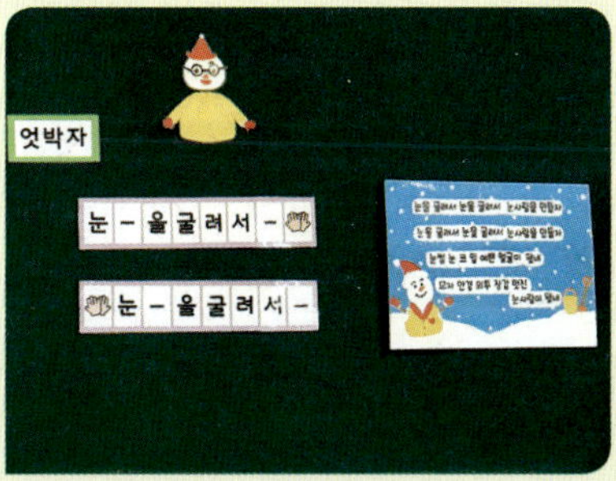

융판 자료

멋진 눈사람

김방옥 작사
김방옥 작곡

3 리듬

리듬rhythm은 음의 길이장단, duration와 셈여림강약, dynamic에 의해 소리를 조직화하는 것으로, 박자 내에서 만들어진 길고 짧은 소리의 묶음이다. 음악의 기초를 이루는 가장 중요한 요소이며, 음표와 쉼표로 나타낼 수 있다.

〈표 4-1〉 **음표와 쉼표**

음표	이름	길이	쉼표	이름
𝅝	온음표	4박	𝄻	온쉼표
𝅗𝅥	2분음표	2박	𝄼	2분쉼표
♩	4분음표	1박	𝄽	4분쉼표
♪	8분음표	1/2박	𝄾	8분쉼표
𝅘𝅥𝅯	16분음표	1/4박	𝄿	16분쉼표
𝅘𝅥𝅰	32분음표	1/8박	𝅀	32분쉼표

규칙적인 리듬의 경험은 영유아에게 정서적 안정감을 제공하며, 리드미컬한 음악 경험은 다양하고 즐거운 반응을 이끌어 낸다.

영유아는 리듬을 듣고 음악의 리듬을 느낌과 동시에 자연스러운 몸의 반응을 이끌어 내면서 가장 적절한 표상 방법을 선택한다. 다양한 방법 가운데에서도 몸으로 리듬을 표상하는 것이 최선의 적절한 방법임을 모든 영유아는 본능적으로 깨닫고 있다.

리듬을 듣고 손 흔들기 혹은 손뼉치기, 리듬을 듣고 무릎 굽히기 혹은 발 구르기, 리듬 들으며 걷기, 리듬 들으며 스키핑skipping하기, 리듬패턴 만들기, 리듬패턴 말하며 걷기, 리듬패턴 만들고 손뼉 치며 말하기 등이 리듬 활동에 속한다.

예를 들면, 다음의 동요 '똑같아요'는 3/4박자의 곡으로, 규칙적인 리듬으로 구성되었다. 노래를 부르면서 규칙적으로 손뼉을 치거나, 걷거나, 악기를 연주하며 리듬 활동을 할 수 있다.

똑같아요

윤석중 작사
외국곡

또한, 다음의 '짤랑짤랑'은 4/4박자의 음악으로서 리드미컬한 ♪.♬♪.♪ 리듬이 반복되고 있다. 이러한 리듬을 느끼게 되면 유아들은 경쾌하게 스키핑하면서 노래 부르는 리드미컬한 활동을 즐기게 된다.

짤랑짤랑

정근 작사
이수인 작곡

곡에 따라 일정한 박자 내에서 음표와 쉼표가 길고 짧은 소리, 강하고 여린 소리를 조직화하여 유아들과 함께 2/4박자, 3/4박자, 4/4박자의 다양한 리듬을 즐기면서 리듬패턴을 만들어 볼 수 있다.

다음은 4/4박자를 다양한 음표와 쉼표를 이용하여 만든 리듬패턴이다.

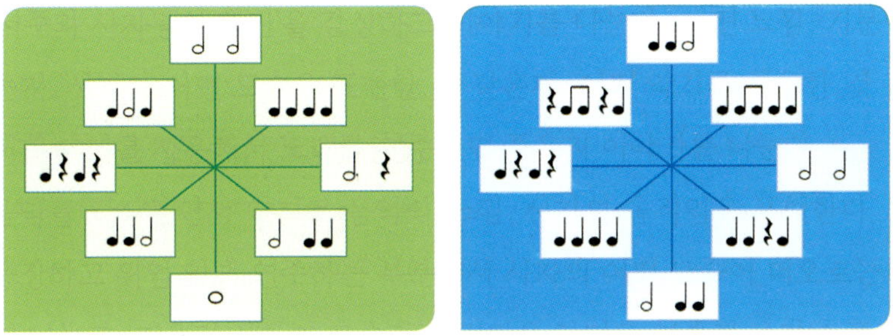

[그림 4-3] 4/4박자의 다양한 리듬패턴 만들어 보기

출처: 안미숙·신원애(2016), 재구성.

쉼표: 소리 없는 소리(soundless sound) – 고요함, 침묵, 여운

과연 아무 소리도 들리지 않는데 그것을 음악이라고 할 수 있는가?

영화 '캐스트 어웨이(Cast away)'에서 갑작스러운 사고로 조난되어 무인도에 표류한 주인공이 4년 만에 드디어 탈출하게 되는 순간, 보트가 보이기 전까지 화면 속에서 긴 침묵이 이어지다가 희미하게 보트가 보이기 시작하면서 비로소 음악이 나오기 시작한다. 음악이 흐르는 장면과 대비되는 그 긴 침묵은 음악을 더 극적으로 만들어 준다(이종영, 2013).

'즐겁게 춤을 추다가' 동요 내에서 '그대로 멈춰라' 노랫말은 유아들의 움직임을 정지하게 하는 신호(bound flow)이다. 이때 **쉼표의 침묵 시간은 충분히 소리 없는 소리(soundless sound)**의 음악이며, '즐겁게 걸어가다가 즐겁게 뛰어가다가 즐겁게 기어가다가' 등의 다른 노랫말이 제공되는 경우에 쉼표의 시간은 더욱 극적인 음악, 바로 'soundless sound'에 해당한다고 할 수 있다. 이러한 모든 것을 종합해 본다면 음악은 언제나 진행하고 있는 과정, 'ongoing process'라고 볼 수 있다.

그대로 멈춰라

김방옥 작사
김방옥 작곡

4 빠르기

빠르기속도, tempo는 음악이 연주되는 속도이다. 음악의 빠르기는 일정하게 유지되기도 하고, 부분적으로 점점 빨라지거나 느려지기도 한다. 대부분 활기찬 곡은 빠르고, 조용하고 부드러운 곡은 느리다. 영유아들은 빠르고 느린 빠르기의 변화에 민감하게 반응하여 음악을 표상할 때 보통 빠르기보다 더 빨라질 수 있다. 같은 곡이라도 빠르기에 따라 느낌은 달라진다.

〈표 4-2〉 빠르기 기호

기호(발음)	뜻	빠르기
largo(라르고)	매우 느리게	♩= 46
lento(렌토)	매우 느리게	♩= 52
adagio(아다지오)	안단테와 라르고 사이의 느린 속도	♩= 60
andante(안단테)	느리게	♩= 66
andantino(안단티노)	안단테보다 조금 빠르게	♩= 69
moderato(모데라토)	보통 빠르기로	♩= 88
allegretto(알레그레토)	조금 빠르게	♩= 108~120
allegro(알레그로)	빠르게	♩= 132
rit.(ritardando, 리타르단도)	점점 느리게	–
rall.(rallentando, 랄렌탄도)	점점 느리게	–
accel.(accelerando, 아첼레란도)	점점 빠르게	–
a tempo(아 템포)	본래의 빠르기로	–

출처: 이춘자·조인경(2013).

5 셈여림

셈여림dynamic은 소리의 강하고 약한 정도를 말한다. 강한 소리는 웅장함, 두려움, 사납고 무서운 분위기와 관련되고, 약한 소리는 가벼움과 안정감, 평안한 정서와 연결되는 경우가 많다. 영유아들은 센 소리와 여린 소리의 변화에 민감하게 반응하여 악기 소리로 표현하거나 소도구를 이용하여 동작 활동으로 표상하기를 즐거워한다.

〈표 4-3〉 **셈여림 기호의 종류**

기호	읽기	뜻
ff (fortissimo)	포르티시모	매우 세게
f (forte)	포르테	세게
mf (mezzo forte)	메조포르테	조금 세게
mp (mezzo piano)	메조피아노	조금 여리게
p (piano)	피아노	여리게
pp (pianissimo)	피아니시모	매우 여리게
cresc. (crescendo)	크레센도	점점 세게
decresc. (decrescendo)	데크레센도*	점점 여리게
dim. (diminuendo)	디미누엔도**	
sfz (sforzando)	스포르찬도	그 음만 특히 세게
>, ∧, ∨ (accent)	악센트	

* decrescendo: 소리 자체만 작아지는 것
** diminuendo: 소리가 작아지면서 느려지는 것

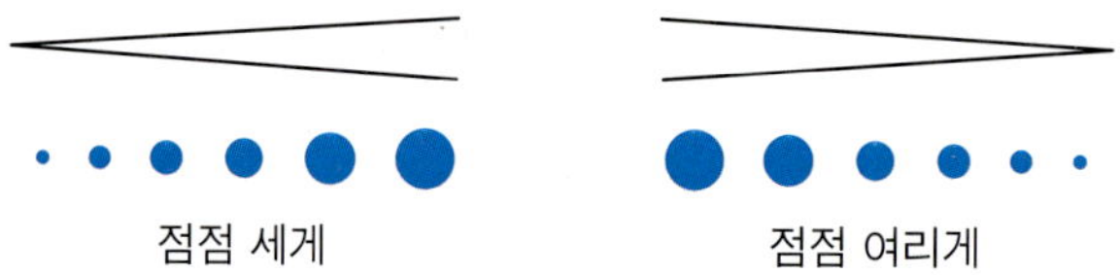

[그림 4-4] **셈여림**

셈여림과 관련된 활동은 다음과 같은 목표를 설정하고 음악 활동을 즐길 수 있다[활동 4-4, 4-5, 4-6].

- 노래를 부르며 셈여림 기호를 이해한다.
- 셈여림 기호를 사용하여 노래 부를 수 있다.
- 노랫말에 어울리는 셈여림을 정하고 음악을 즐기는 태도를 갖는다.

활동 4-4

동요 '바둑이 방울'의 어느 부분에서 '점점 세게' 노래 불러 볼까요?

바둑이 방울

김규환 작사
김규환 작곡

활동 4-5

'바둑이와 고양이' 동요를 부르며 셈여림을 정해 보세요.

바둑이와 고양이

작사 미상
작곡 미상

활동 4-6

'정글 숲' 동요를 부르며 셈여림을 정해 보세요.

정글 숲

이요섭 작사
이요섭 작곡

동요 '정글 숲'을 부를 때 늪지대에 악어 떼가 나타나는 사실을 이해하는 유아는 '정글 숲을 지나서 가자' 부분에서는 매우 여린 소리로 노래 부르기 시작하여 악어 떼가 나오는 뒷부분으로 가면서 센 소리로 노래 부르게 될 것이다. 이와 같이 셈여림을 조절하여 노래 부르는 활동을 통하여 '크레셴도cresc.'라는 음악 기호를 이해할 수 있다.

정글 숲			
pp 또는 *p*	매우 여리게 또는 여리게	정글 숲을 지나서 가자	*cresc.*
		엉금엉금 기어서 가자	
mp	조금 여리게	늪지대가 나타나면은	
f	세게	악어 떼가 나올라	
ff	매우 세게	악어 떼	

6 음악의 형식

음악의 형식musical form은 리듬, 선율, 화음, 음색, 셈여림 등의 요소가 전체적인 하나의 음악으로 배열되고 조직되어 형성된다. 모든 음악에는 일정한 형식이 있으며, A–B 형식과 A–B–A 형식이 일반적이다. 영유아들은 반복 형태의 음악 형식을 선호하는 특징이 있으므로, 때로는 반복적인 형태의 동요나 춤곡을 편곡하여 활동할 수 있다. 예를 들면, A–A–B–B 형식은 A–A–B–B–A–A–B–B 등으로 재조직해 본다.

형식에 대한 이해는 음색, 리듬, 선율, 선율, 화음 등에 의존하여 발달되므로, 다른 음악의 구성요소 개념보다 늦게 발달되는 경향이 있다.

〈표 4-4〉 **악곡의 구성요소**

악곡의 구성요소/형식	마디
동기	2마디
작은악절	4마디
큰악절/한도막형식	8마디(4+4)
작은 세도막형식	12마디(4+4+4)
두도막형식	16마디(8+8)
세도막형식	24마디(8+8+8)

* 음악의 가장 작은 단위는 1마디이다.

활동 4-7 ㅣ A-B-A 형식의 사례: 작은 별

작은 별

작사 미상
모차르트 작곡

7 선율

선율melody은 '가락'이라고도 한다. 높은음과 낮은음 등 음의 높낮이와 길이가 의미 있게 조직되어 음악 고유의 선율이 만들어진다. 다양한 선율의 표상은 유아로 하여금 감정 표현과 조절 등의 경험을 통하여 음악적인 존재로 성장·발달하도록 돕는다.

1) 악보

음악은 시간예술이기에 연주되는 시간이 지나버리면 다시는 들을 수 없다. '악보'는 음악을 눈으로 보는 방법이다.

서양에서 5선보가 막 정착하던 15세기에 우리나라에서는 세종대왕에 의해 음의 길이와 높이를 정확히 알 수 있는 악보인 정간보井間譜가 만들어졌다. 서양의 악보가 천 년에 가까운 역사 속에서 발전한 데 비하여 우리 민족은 세종대왕 당대에 우리의 글과 함께 음악을 정확한 길이와 높이로 기보할 수 있게 된 것이다. 정간보는 한 줄을 32개의 井우물정으로 나누고 칸한 칸은 1박마다 음높이한자 율명와 음의 길이부호를 표시해 나타낸 동양 최초의 악보다(동아일보, 2016. 8. 16).

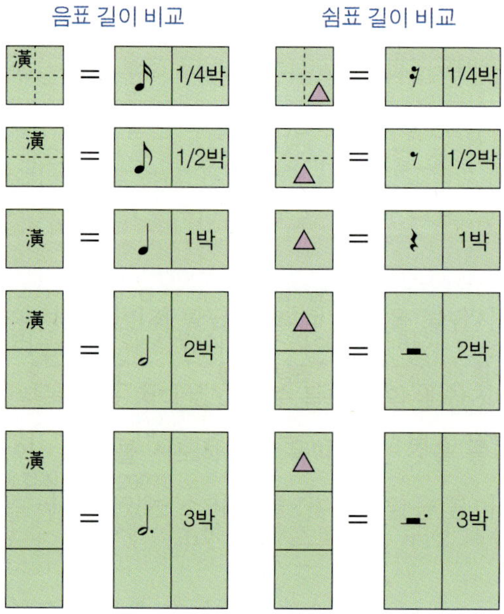

[그림 4-5] 정간보와 5선지 악보와의 관계

출처: www.dg2000.net.

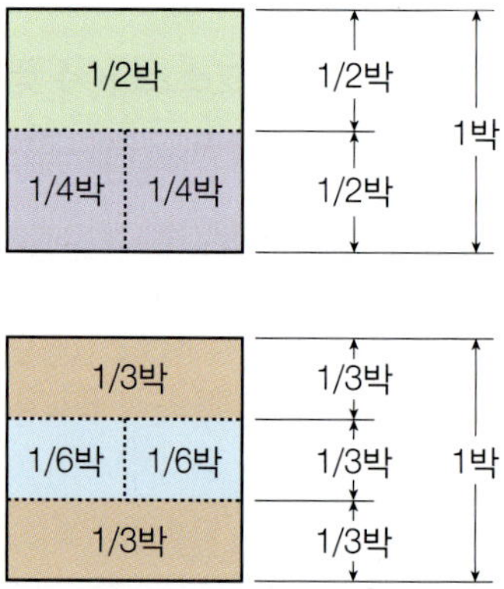

[그림 4-6] 정간보 음의 길이 표시

출처: https://blog.naver.com/ygm2000/150088090606.

2) 음계와 음이름

7음 음계는 수학자인 피타고라스에 의해 발견되었다. 어느 날 대장간 옆을 지나가던 피타고라스는 쇠막대기에서 '탕탕' 하는 좋은 소리가 나는 이유가 무엇인지를 연구한 결과 쇠막대기의 길이가 2:3의 비율을 가지고 있음을 알아냈고 그 소리가 화음을 이룬다는 것을 발견하게 되었다. 피타고라스는 이 원리를 적용하여 계속 조화로운 소리를 찾아내었고 이로써 7음 음계가 만들어지게 되었다(교육부, 2019).

7음 음계의 음이름은 약 천 년 전 이탈리아의 성직자 겸 음악가인 구이도 다레초Guido d'Arezzo에 의해 만들어졌다.[1] 당시 그레고리오 성가였던 '성 요한Saint John 찬가'라는 곡의 음절이 한 음씩 높아진다는 사실에 착안하여, 가사의 여섯 구절의 첫 음절을 따서 음이름을 만들게 되었다. 성 요한 찬가를 살펴보면 다음과 같다.

"**Ut** queant laxis **Re**sonare Fibris **Mi**ra gestorum **Fa**muli tuorum **Sol**ve polluti **La**bii reatum Sancte joannes"

우트Ut는 도Do로 바뀌고, 레Re, 미Mi, 파Fa, 솔Sol, 라La에서 이후 시Si가 추가되는데, 이것이 바로 '도레미파솔라시' 음계이다.

▷▶▷ 참고 4: '도레미파솔라시'의 의미

- Do: Dominus, 하나님
- Re: Resonance, 울림, 하나님의 음성
- Mi: Miracle, 기적
- Fa: Famille, 가족, 제자
- Sol: Solution, 구원, 하나님의 사랑
- La: Labii, 입술
- Si: Sanctus, 거룩

1) 구이도 다레초에 관한 이야기는 수잔 L. 로스의 『도레미』(2007, 노은정 옮김, 미래아이)를 읽어 보기 바란다.

활동 4-8 | 음이름

음이름으로 노래를 불러 보세요.

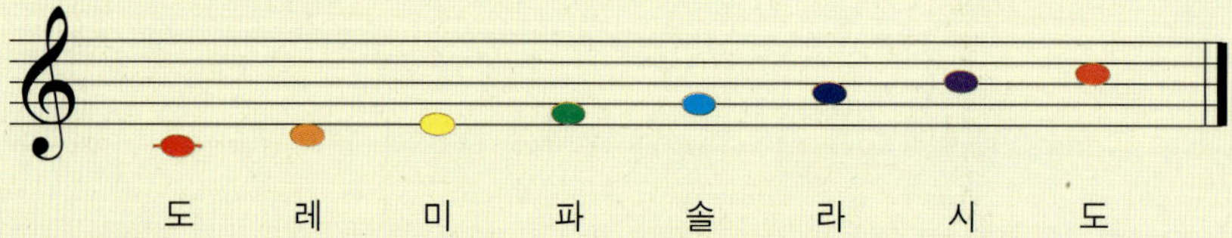

활동 4-9 | 올라가고 내려오는 음계

올라가는 소리와 내려오는 소리를 들어 보세요. 그리고 피아노로 연주해 보세요.

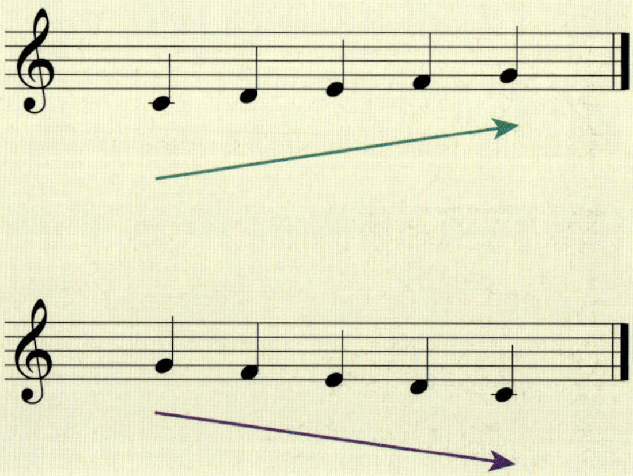

활동 4-10 | 줄과 칸

높은 음자리표와 낮은 음자리표의 줄과 칸에 음계를 그려 넣으세요.

활동 4-11 | '작은 별' 악보

악보에 표시된 색과 같은 색의 스티커가 붙어 있는 피아노 건반을 연주해 보세요. '1' 표시는 엄지, '2' 표시는 검지, '3' 표시는 장지, '4' 표시는 약지, '5' 표시는 새끼 손가락으로 피아노를 연주해 봅시다.

활동 4-12 ❙ '산토끼' 악보와 음계

'산토끼' 악보에 있는 같은 색의 스티커가 붙어 있는 5선 위를 이동하며 음이름으로 노래를 불러 봅시다.

산토끼

이일래 작사
이일래 작곡

활동 4-13

피아노 소리를 듣고 융판에 악보를 붙여 보세요.

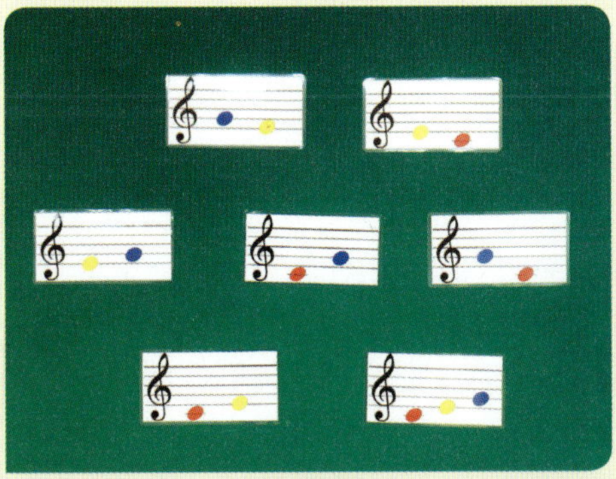

융판 악보

활동 4-14

'군밤타령' 노래를 부르며 구음 악보에 따라 장구를 연주해 봅시다.

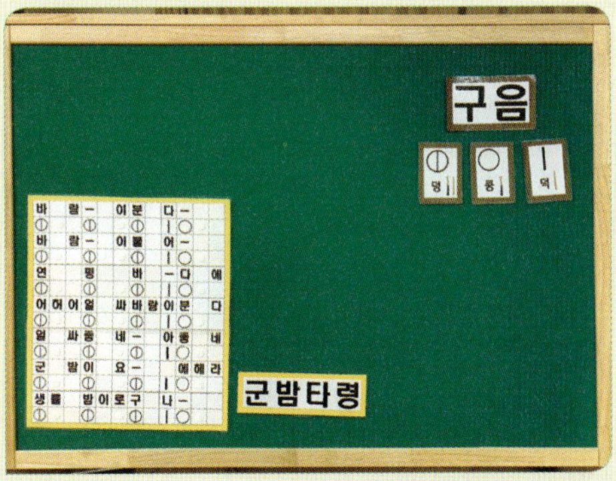

융판 교구: '군밤타령'을 부르며 장구를 연주하는 활동 시 사용된 융판 매체

활동 4-15 | '도레미파솔' 음계

◈ 전시학습 상기 및 동기 유발: 몸 음계로 동기 유발

T (교사가 '도레미 송'을 부르며 몸 음계를 하기)

> ♬♪ 도레미 송
>
> 도는 하얀 도화지 레는 새콤한 레몬
> 미는 푸른 미나리 파는 예쁜 파랑새
> 솔은 작은 솔방울 라는 라디오고요
> 시는 졸졸 시냇물 처음부터 다시 불러 보자 (두 번째: 다 함께 부르자)

C (교사를 보고 따라 한다.)
T 우와! 친구들이 몸 음계를 잘 기억하고 있구나.
T ('도'와 '미'를 몸 음계로 보여 주며) '도'와 '미' 중에 어떤 음이 더 높이 있어?
C '미'요.
T 응. 이번엔 '미'와 '솔' 중에 어떤 음이 더 위에 있니?
C '솔'이요.
T 그래. '도'와 '미' 중에는 '미', '미'와 '솔' 중에는 '솔'이 더 높이 있어.

[활동 4-15-1] '도레미파솔' 음계 알기

(피아노 건반 '도레미파솔'에 색이 다른 스티커를 미리 붙여 놓는다.)

T ('도레미 송'을 허밍으로 부르며) 우리가 '딴 따딴 다 딴딴딴-♪' 소리를 표시해 볼 텐데.
T (테이프 한 줄을 붙인다.) 이 줄에 노란색 동그라미 하나를 이렇게 붙였어.
어? 피아노에도 같은 색이 붙어 있네?
('미'를 누르며) 노란색 동그라미는 이런 소리가 나는 자리라고 약속을 했대.
C 우와!

T (테이프 한 줄을 더 붙인다.) 선생님이 그 위에 줄 하나를 더 붙일 거야.
(줄을 가리키며) 그러니까 첫째 줄, 둘째 줄이 생겼어.
이 두 번째 줄에 파란색 동그라미를 붙이니까 이런 소리가 나네?

T 어? 첫째 줄의 노란색 동그라미는 어떤 소리가 났었지?
('미'를 누르며) 이런 소리가 났었지.
그럼, 파란색 동그라미는 ('솔'을 치며) 이런 소리가 났어.

C 음이 달라요.

T 노란색 동그라미와 파란색 동그라미를 이어서 치면 이런 소리가 나네?
('미, 솔'을 친다.)

C 올라가요.

T 그렇지. ('솔, 미'를 치며) 반대로 파란색, 노란색을 치니까 음이 또 달라졌어.

C 와!

T 선생님은 이렇게 쳐 봤는데, 다른 방법으로 피아노를 쳐 보고 싶은 친구 있어?

C 저요.

T 그럼 ○○ 친구가 쳐 보자.
(유아가 피아노를 친다.) '파랑, 노랑, 파랑'은 이런 소리가 나는구나.

☞ [활동 4-15-1]을 몇 번 반복

T 동그라미가 이렇게 줄에만 붙어 있는 것이 아니라, 줄 밑에도 소리를 낼 수 있는 자리가 있대. 여기에 주황색 동그라미를 붙여 볼게.

T 노란색 동그라미랑 파란색 동그라미보다 ('레'를 치며) 더 낮은 자리에 있는 주황색 동그라미는 어떤 소리가 나는지 들어 보자.

T ('미, 솔'을 친 후 '레'를 치며) 노란색 동그라미와 파란색 동그라미보다 주황색 동그라미가 더 낮은 소리가 나네? 더 낮은 자리에 있어서 그럴까?

C 네.

T 이번에는 노란색, 파란색 동그라미에 주황색 동그라미도 넣어서 피아노를 쳐 볼까?

T 선생님은 (예시를 들며) 이렇게 쳐 봤는데 너희는 어떻게 치고 싶어? 누가 나와서 쳐 볼까?

C 저요. 노랑, 파랑, 주황 이렇게 쳐 봐요.

T 와! 잘했어.
어? 그런데 노란색, 파란색 동그라미 사이에 빈자리가 있네?
여기는 어떤 소리가 날지 초록색 동그라미를 붙여 볼게.

T 초록색 동그라미는 어떤 소리가 날까?

C 파란색보다 낮은 소리요.

T ☆☆이가 나와서 친구들에게 들려줄 수 있겠니?

(유아가 '파'를 친다.)

T 고마워. ☆☆이가 들려준 초록색 동그라미는 이런 소리가 났어.

T 주황색 동그라미보다 더 낮은 소리가 나는 동그라미가 있대.
이번에는 빨간색 동그라미로 붙여 볼 거야.

T 그런데 이 빨간색 동그라미는 줄이랑 떨어져 있어서 이렇게 짧은 줄을 만들어 주기로 약속을 했대.

T 빨간색 동그라미를 붙여 주고 싶은 친구 있어?

T △△ 친구가 붙여 주세요.

T △△아, 잘했어. 이렇게 빨간색, 주황색, 노란색, 초록색, 파란색 동그라미를 피아노로 치면 이런 소리가 난대. (도레미파솔, 솔파미레도 연주)

C 와-!

[활동 4-15-2] '도레미 송'으로 신체 활동하기

T 이번엔 우리가 직접 바닥에 표시된 선 위에서 피아노 반주에 맞춰서 '도레미 송'을 같이 연주해 볼까?

C 네.

T 그 전에 여기서 소리를 내려면 피아노 건반을 눌러 주는 것처럼 동그라미를 눌러 줘야 한대.

T 그래서 선생님은 사뿐사뿐 동그라미를 눌러 주면 좋을 것 같다고 생각했어. 선생님이 먼저 연주해 볼게.

(교사가 먼저 연주 시범을 보여 준다.)

T 우리는 어떤 방법으로 눌러 주면 좋을까?

C 콩콩 뛰어요./걸어요.

T ♤♤ 친구가 말한 도레미 송을 □□하면서 연주해 보자.

(활동한다.)

T □□해 보니까 어땠어?

C 힘들었어요./어려웠어요.

T 어떤 점이 힘들었니?

C 피아노 소리가 너무 빨랐어요.

T 이번에는 피아노를 천천히 치면서 '도레미 송'을 연주해 보자.

☞ [활동 4-15-2]를 반복

제시된 [활동 4-15]는 1~7회기 프로젝트 활동으로 진행할 수 있다.

- 1회기 활동: '도레미 송'으로 몸 음계 익히기
- 2회기 활동: 본 수업 전개 1
- 3회기 활동: 본 수업 전개 2
- 4회기 활동: 다른 음이름 배우기
- 5회기 활동: 계이름 익히기
- 6회기 활동: 높은음자리표, 내림표, 올림표, 도돌이표 배우기
- 7회기 활동: 음계를 이용한 신체 활동을 통해 5선 악보를 이해하기

8 화음

화음harmony, chord이란 음높이가 다른 두 개 이상의 음을 동시에 울려 소리 내는 것으로, 각 화음은 일정한 법칙에 따라 연결된다. 모든 음은 단음으로 연주될 때보다는 화음으로 연주될 때 훨씬 풍성하고 아름다운 소리로 감상될 수 있다.

화음을 넣어 함께 소리 내어 보는 경험이나 피아노, 핸드벨 등 선율악기를 이용하여 도-미-솔 화음이나 파-라-도, 솔-시-레 등 각각의 소리를 함께 연주해 보는 경험을 통하여 화음이 이루는 아름다운 소리를 느껴 보고 관심 갖도록 할 수 있다.

화음을 넣어 연주한 곡을 들려주면, 유아들은 '꽉 찬 느낌, 안정된 느낌, 소리가 울려요, 아름다워요, 기쁜 소리가 들려서 계속 듣고 싶어요' 등 단음으로 연주한 곡의 감상과 다른 반응을 나타낸다.

〈표 4-5〉 기본화음의 구성

이름	기호	장조	단조
으뜸화음	I	도-미-솔	라-도-미
버금딸림화음	Ⅳ	파-라-도	레-파-라
딸림화음	Ⅴ	솔-시-레	미-솔-시

활동 4-16 | '똑같아요' 동요 감상하기: 단음 연주와 화음 연주 비교

[단음 연주]

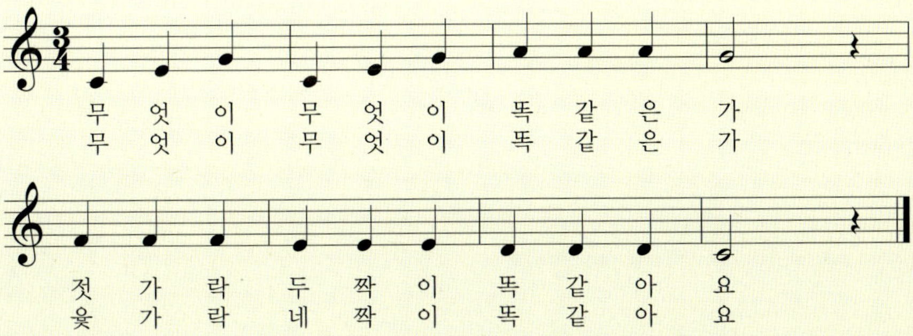

[화음 연주]

이상에서 살펴본 것과 같이 음악의 구성요소 관련 활동을 경험한 영유아들은 만 4~5세경이 되면 점차 그림과 기호, 악보에 관심이 생기게 된다. 박자를 나타내는 음표나 쉼표, 선율, 리듬, 셈여림 등을 자연스럽게 이해하여 음악 개념의 발달이 이루어지면 더 정교하게 음악에 반응하는 능력이 생긴다. 음악을 재구성하고 재조직하는 더 수준 높은 음악적 능력을 발달시켜 나가는 기초가 형성되는 것이다.

5

듣기

소리를 듣는(listen to) 경험은
모든 음악 활동의 기초이며
음악을 표현하고 음악적으로 사고하는 활동으로 나아가는 초석이다.

1 듣기: 소리 탐색하기

아기는 태내에서부터 모체의 심장소리와 외부에서 나는 소리를 들으며 소리에 귀 기울여 왔다. 출생 이후에도 소리에 대해 본능적으로 몸을 움직이고, 홍얼거리며, 노래하고, 여러 가지 소리를 만드는 등의 반응을 보인다.

- 생후 4~6개월에는 소리에 강한 관심을 나타내기 시작한다. 고개를 돌려 소리를 들으려 하고, 손을 뻗어 소리가 나는 물체를 만지려고 하는 등 소리에 강한 흥미를 나타낸다. 또한, 청소기 소리, 천둥소리, 커터기 소리 등 큰 소리에 무서운 반응을 보이며 양육자에게 매달리고 울기도 한다.
- 차츰 소리의 근원에 관심을 갖게 된다. 딸랑이나 손목벨 등 소리 나는 물건으로 소리를 들려준 후 보이지 않는 곳에 숨기고 찾고, 반복적으로 소리 들려주기 활동 등은 영아로 하여금 소리를 탐색하며 주의 깊게 듣는 능력과 함께 대상영속성 발달에 도움을 준다.
- 주변에 있는 다양한 물체, 즉 나무나 고무, 종이, 쇠, 플라스틱 등으로 만든 자료들을 흔들고 치고 긁고 두드리고 문지르는 등 소리를 탐색하고, 소리를 만들어 보는 기회를 충분히 제공한다. 이러한 경험은 소리의 음색, 크고 작은 소리 등에 대한 흥미를 갖게 함으로써 음악 개념의 발달을 돕는다.
- 소리 탐색 활동은 소리 창조하기, 동시나 이야기 속에 있는 의성어와 의태어에 흥미와 관심 갖기, 소리동화 구성하기, 동화 속 효과음 만들기 등 창의적 활동의 중요한 기반을 형성한다.

즉, 소리 탐색 활동은 다양한 소리의 요소를 탐색하고 자신의 삶과 주변 세계에 대한 이해를 확장하며(Haines & Gerber, 1996) 소리의 아름다움을 찾고 예술적 표현과 감상을 돕는 활동이라는 점에서 적극적으로 격려되어야 한다.

1 소리 영역에 따른 소리 탐색하기

세상에 존재하는 모든 사물은 고유한 소리를 낸다. 바람 소리, 파도 소리, 물소리, 돌 구르는 소리, 웃음소리, 종이 소리, 시계 소리 등 모든 소리는 사물의 물리적 특성에 따라 주어진 공간 안에서 공명이 되어 독특한 소리를 내게 된다. 큰 공간이든 작은 공간이든 그 안에서 만들어지는 각각의 독특한 울림은 영유아에게 매우 매력적인 즐거움을 제공하므로 탐색·비교·분류하는 활동과 함께 다양한 음악 활동의 의미 있는 소재가 된다.

〈표 5-1〉 소리 영역에 따른 소리 탐색 활동

소리 영역	소리 탐색 활동
몸	손뼉치기, 발 구르기, 넓적다리 치기, 무릎 치기, 엉덩이 치기, 배치기, 입을 움직여 내는 소리(똑딱, 띠릭, 또르륵, 뿌푸푸 등), 휘파람 소리, 손가락 튕기기, 몸 안에서 나는 소리(꼬르륵, 크윽 등), 방귀 소리, 딸꾹질 소리
도로	자동차, 자전거, 경운기, 오토바이, 비행기, 전철, 기차 소리 등
부엌	각종 주방 기구에서 나는 소리(그릇, 수저, 도마 등), 냄비에서 음식 끓는 소리, 칼과 도마에서 나는 소리(썰고 다지고 두드리는 소리 등), 물소리, 레인지 켜고 끄는 소리, 밥솥에서 김이 나오는 소리, 기름에 음식 튀기는 소리, 프라이팬에서 볶는 소리, 수도꼭지에서 물 떨어지는 소리, 설거지 시 그릇 부딪치는 소리, 하수구에 물 내려가는 소리, 쌀 씻는 소리 등
산	물소리, 바람 소리, 낙엽 밟는 소리, 곤충 소리, 새소리, 동물 울음소리 등
바다	파도 소리, 새소리, 사람들 웃는 소리, 모래 밟는 소리, 뱃고동 소리 등
미장원	가위 소리, 물소리, 샴푸할 때 나는 비누 거품 소리 등
자동차	클랙슨 소리, 회전 시 나는 똑딱똑딱 소리, 끼익 등
동물원	각 동물의 울음소리, 각 동물이 움직일 때 나는 소리 등
공원	말소리, 새소리, 핸드폰 소리, 바람 소리 등
유치원	선생님 목소리, 선생님과 친구들 노랫소리, 친구들 말소리, 친구들 웃음소리
치과	치료 기구 부딪치는 소리, 각 치료 기구가 내는 소리, 아파서 내는 소리 등
분리수거장	분리수거장에 플라스틱 통, 캔, 스티로폼 등 다양한 물건을 던질 때 나는 소리

2 소리 탐색 후 소리의 근원 말하기

- 소리를 듣고 사물을 유추한다.
- 소리를 듣고 주머니에 담겨 있는 사물의 이름을 말한다.

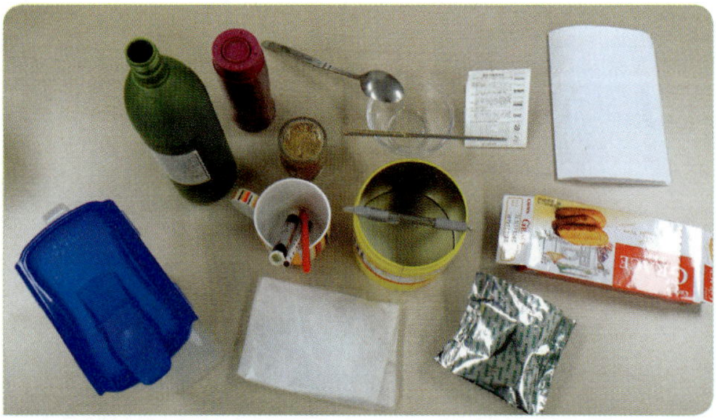

'소리 탐색 놀이' 활동

주머니를 흔들면서 소리를 들려주었다. '쇠로 만든 소리'가 난다고 하였고, 이어서 쇠 재질의 숟가락, 젓가락, 컵 등을 하나씩 책상 위에 꺼내 놓으며 확인하는 시간을 가졌다. 다시 주머니를 흔들며 소리를 들려주자 비닐 소리가 난다고 하여, 비닐들을 꺼내 놓았다. 다시 주머니를 흔들며 소리를 들려주었다. 플라스틱 통 소리가 난다고 하여, 샴푸 통을 꺼내서 보여 주었고, 입으로 불어서 나는 소리를 듣기도 하였다. 다시 소리를 들려주니 유리컵 소리가 난다고 하여, 사기잔과 유리잔을 하나씩 꺼내어 보여 주었다. 이후, 책상 위에 나열된 사물들을 젓가락으로 리드미컬하게 치면서 짧은 라임을 만들어 대화를 주고받았다.

- 유아음악교육 수업 중(2018. 10).

〈표 5-2〉 **리듬감 있는 대화 주고받기**

엄마 엄마 우리 엄마	♪♪♪♪♪♪♪♪	친구야 놀-자	♩ ♪♪♫♩
배고파 우유 줘	♩ ♪♪♪♪♩	밥 먹고 놀-자	♪♪♩ ♫♩
졸려 재워 줘	♩ ♩ ♪♪♩	무슨 놀이 할-까	♪♪♪♪♫♩
그래 그래 우리 아가	♪♪♪♪♪♪♪♪	소꿉놀이 하-자	♪♪♪♪♫♩

3 소리 분류, 유목–포함, 서열화 활동

소리란 진동하고 있는 물체가 공기를 울려서 파장이 형성되고 그 파장이 인간의 귀에 전달되어 인식되는 것이다. 진동의 빈도나 높낮이에 따라 다른 모양의 파장이 만들어지고 이 파장이 귀에 전달되어 소리의 차이를 식별할 수 있게 되며, 소리의 조화로운 연출로 아름다운 음악이 만들어진다(김명순·조경자, 2001).

예 소리 나는 장소, 물리적 특성에 따른 분류 및 유목 – 포함 활동
소리의 크기 및 높이에 따른 서열화 활동

2 듣기: 소리 만들기

1 다양한 방법으로 소리 만들기

여러 소품, 풍선 악기, 신문지 악기 등을 활용한다.

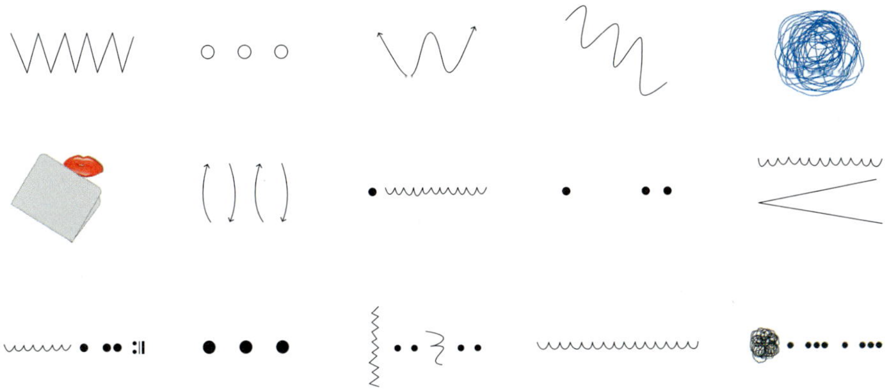

2 소리 만드는 방법 찾기

자신이 찾은 소리를 들려준 후 소리를 만든 방법을 친구들에게 알려 줄 수 있다.

3 듣기: 소리동화 만들기

1 의성어 만들기

동시, 동화, 주변에서 들을 수 있는 소리를 감상하고 의성어로 표현한다.

예 보글보글, 보고로로르를구를글, 지글지글, 뚝딱뚝딱, 딱딱, 쿵쿵, 쿵쾅쿵쾅 등

2 스토리 구성하기

소리를 즐길 수 있는 주제를 선택하고 이야기를 구성한다. 이야기에 나오는 다양한 소리를 탐색하고 표현하며 감상하는 데 주안점을 둔다.

예 『곰 사냥을 갑시다』, 『분리수거장에 버려진 폐품 이야기』 등

3 효과음 만들기

주변 물체나 악기를 이용하여 동화 속 효과음을 만들어 본다.

활동 5-1 소리동화 구성 활동: 양은냄비를 주제로 한 스토리텔링

양은냄비 이야기

구성: 예비교사 정세희

부스럭부스럭.
누군가 주방에서 선반을 뒤지는 소리가 들려요.
나는 양은냄비예요.
나는 민아가 가장 좋아하는 라면을 끓일 때 사용돼요.
어? 어! 누가 나를 싱크대로 들고 가서 물을 '콸콸' 담아요.
'끼-익' 하고 수도꼭지가 잠겨요.
'탕' 나는 가스레인지 위로 올려졌어요.
'타다다다닥' 불을 켜는 소리가 들려요.
냄비 안에 담긴 물이 점점 따뜻해져요. '보글보글' 물이 끓기 시작했어요.
'부스럭부스럭, 찌이이익, 탱'
누군가 비닐을 뜯어서 무언가를 냄비 안에 넣고 있어요.
앗! 맵지만 맛있는 익숙한 냄새. 누가 라면을 끓이고 있어요.
잠시 후 '틱' 하고 불이 꺼졌어요.
이번에는 누군가가 나를 들고 식탁으로 가서 차가운 받침대 위에 '탁' 내려놓아요.
"와! 맛있겠다. 와, 맛있어." 누군가 매우 즐거운 목소리로 말을 해요.
어? 익숙한 이 목소리, 바로 민아였어요.
'후루룩후루룩, 쩝쩝' 민아가 라면을 맛있게 먹는 소리가 들려요.
민아가 맛있게 먹는 소리를 들으니까 나도 덩달아 먹고 싶어져요.

소리를 탐색하고 표현하며 감상하는 소리동화가 되기 위해서는 객관적 상황을 묘사하기보다는 특정 대상이 주체가 되어 소리를 듣는 이야기로 구성될 필요가 있다. 이때 유아들은 더욱 소리에 집중하며 즐기게 된다. '양은냄비'가 들은 소리와 유아 자신이 들은 소리를 비교하는 활동을 할 수 있고, 의성어를 바꿔서 이야기를 구성할 수 있으며, 또래들과 나눈 이야기를 기초로 스토리를 재구성하는 심화·확장 활동이 가능해질 것이다.
이러한 관점에서 다음의 생각 모으기를 통해 '양은냄비 이야기'를 재구성하였다.

생각 모으기

① '양은냄비가 들려주는 이야기'로 제목을 바꾼다.

- 양은냄비가 들려주는 이야기를 들어 보렴.
- 양은냄비가 언제 들은 소리일까?

② 녹음된 소리를 들려준다.

- 부스럭부스럭 — 콸콸 — 끼–익 — 탕 — 타다다다닥 — 보글보글 — 부스럭부스럭, 찌이이익, 탱 — 보글부글보글부글 — 틱 — 와! 맛있겠다 — 후루룩후루룩, 쩝쩝

③ 의성어 표현 바꾸기

- 부스럭부스럭 → 달그락 덜그럭 똘그락
- 끼–익 → 턱
- 보글보글 → 븍블블보글불굴벌글
- 탱(라면이 양은냄비 벽에 부딪히는 소리) → 터억

> 의성어를 글로 표현하기는 정말 어렵다. 그래서 약속이나 한 듯 같은 의성어로 표현해 왔나 보다. 소리를 듣고 소리로 묘사하는 놀이는 대학생인 우리에게도 참 재미있는 놀이다. 소리를 마음껏 표현해 보면서 깔깔깔 웃으며….
>
> - 유아음악교육 수업 중(2018. 9. 17).

④ 유아들로 하여금 언제 나는 소리일지 생각하고 말해 보도록 한다.
⑤ 소리를 들으면서 이야기를 구성하도록 한다.
⑥ 사물이나 악기를 이용하여 소리 내는 방법을 탐색하도록 한다.
⑦ 유아들이 찾은 다양한 소리를 들려주면서 이야기해 본다.
⑧ 유아들 각자가 연주한 소리와 이야기를 녹음하여 들려준다.
⑨ 소리와 이야기를 계속 확장하며 재구성한다.

생각 모으기를 통해 재구성한 교육내용은 다음과 같다.

① '양은냄비가 들려주는 이야기'로 제목을 바꾼다.

양은냄비의 이야기 → 양은냄비가 들려주는 이야기

☞ 양은냄비가 주체가 되어 이야기를 생생하게 들려줄 수 있고 양은냄비의 생각과 느낌을 더욱 실감 나게 전달할 수 있다. 더불어 아이들이 호기심을 갖고 직접 소리나 느낌에 대해 생각해 보고 표현할 수 있다.

② '양은냄비가 들려주는 이야기를 들어 보렴. 양은냄비가 언제 들은 소리일까?'

단순한 소리 듣기 → 소리 탐색

☞ 이야기에 더욱 몰입하여 듣게 될 것이다. 어떤 소리인지 추측하는 과정에서 소리 탐색에 집중함으로써 소리, 이야기에 귀 기울이고 관심을 갖고 참여하게 될 것이다. 또한, 자신의 생활 경험과의 연결을 통해 일상 속에서 자연스럽게 음악에 관심을 갖게 될 것이다.

③ 각 도구가 내는 소리를 녹음하여 들려준다.

부스럭부스럭 – 콸콸 – 탕 – 타다다다닥 – 보글보글 – 부스럭부스럭, 찌이익, 뎅 – 보글부글보글부글 – 틱 – 와! 맛있겠다 – 후루룩후루룩, 쩝쩝

☞ 소리를 들려준 후 아이들과 어떤 소리일지 생각해 보며 이야기를 나눈다. 탐구, 발견, 문제해결 접근 활동 과정에서 더욱 소리에 관심을 가질 수 있다. 직접 녹음한 소리를 들려주면 효과적이다.

④ 의성어 표현 바꾸기

'부스럭부스럭'은 '달그락 덜그럭 똘그락'으로 '끼-익'은 '턱'으로, '보글보글'은 '북블블보글불굴벌글'로, 라면이 양은냄비 벽에 부딪히는 소리인 '탱'은 '터억'으로 표현을 바꾸어 본다.

☞ 아이들과 소리를 탐색하는 과정에서 정형화된 소리보다는 다양하게 표현해 봄으로써 재탐색과 재발견이 가능해진다.

⑤ 유아들로 하여금 언제 나는 소리일지 생각하고 말해 보도록 한다.

예 콸콸, 샤샤아아아

T 이 소리는 자주 들어 본 소리인데 어떤 소리일까?

C 빗소리요./손 씻을 때 나는 소리요./물을 담는 소리요.

⑥ 소리를 들으면서 이야기를 구성하도록 한다.

T 양은냄비는 '콸콸' 소리를 듣고 어떤 말을 했을까?

C 아이! 차가워. 누가 나에게 물을 담고 있네.

C 오늘은 어떤 요리를 하려는 걸까? 아, 시원해.

☞ 생활 속에서 자연스럽게 들을 수 있는 소리를 탐색하고 그 주체가 되어 이야기를 직접 구성해 나간다. 즉, 소리에 관심을 갖고 상상력을 발휘하여 어휘 능력, 인지 능력, 탐구 능력 등 다양한 발달을 도모할 수 있다.

⑦ 사물이나 악기를 이용하여 소리 내는 방법을 탐색하도록 한다. 유치원 내 리듬악기, 타악기 혹은 집에서 직접 찾아온 사물 소리를 탐색한다. 또한, 동화 내용에서 들리는 소리와 비교하며 탐구할 수 있다.

⑧ 유아들이 찾은 다양한 소리를 들으며 이야기해 본다.

예 달그락달그락

C 나는 냄비를 가져왔어. 여기서는 '달그락, 깽, 쨍그랑' 소리가 나.

C 심벌즈에서 냄비랑 비슷한 소리가 나. '쨍, 쨍' 이런 소리가 나잖아.

☞ 사물이나 악기를 이용하여 소리를 탐색함으로써 더욱 흥미와 호기심을 갖고 활동에 참여할 수 있다. 또한, 사물 혹은 악기에서 어떤 소리가 나는지에 대해 이야기를 나누면서 소리와 특징 등에 대해 탐색하고 표현하며 감상할 수 있다.

⑨ 유아들 각자가 연주한 소리와 이야기를 녹음한다.

사물, 악기를 가져온 유아들이 모여서 소리를 연주하고 녹음한다. 녹음된 이야기를 들으면서, 이야기와 소리를 재구성해 나간다. 아이들이 그린 그림과 직접 녹음한 소리를 첨부한 PPT동화를 제작하여 보고 듣는 동화 활동으로 확장할 수 있다.

⑩ 소리와 이야기를 확장하며 재구성한다.

언어 영역, 음률 영역 활동으로 심화·확장한다. 생활 속 다양한 소리 이야기를 구성할 수 있다. 교사는 유아들이 더욱 다양한 활동에서 호기심과 흥미를 갖고 활동할 수 있도록 지원하는 안내자, 촉진자로서 역할을 한다.

> 생활 주변에서 얻을 수 있는 다양한 사물을 강의실로 가져왔다. 두드려 보고, 쳐 보고, 흔들어 보고, 부딪쳐 보면서 소리가 들려주는 신기하고 아름다운 세계에 흠뻑 취하였다. 이어서 '이야기로만 구성된 이야기'가 아닌 '소리가 있는 이야기'를 구성해 보자고 우리는 의견을 모았고, 소리와 함께 들을 수 있는 이야기 주제를 떠올려 보고, 이야기 안에서 생생하게 들을 수 있는 소리를 표현해 보았다.
>
> - 유아음악교육 수업 중(2018. 9).

4 듣기: 음악 감상하기

영유아는 일상 속에서 자연스럽게 음악에 관심을 기울인다. 영유아들이 음악을 듣는 모든 행위는 '음악 감상하기' 과정으로 이해해야 한다. 리듬과 선율, 박자, 음색, 화음 등 음악 요소나 노랫말에 대하여 정서적으로 느끼고, 지적으로 감상하면서 나름의 느낌과 생각을 다양한 방법으로 표현하고자 하며 이러한 과정에서 탐색 활동과 표현 활동, 감상 활동이 경험된다.

탐색과 표현, 감상 활동은 분리되지 않고 통합적으로 경험되며, 일정한 순서가 있는 것은 아니다. 탐색은 표현과 감상 활동으로 이어지며, 표현은 감상과 탐색으로, 감상은 탐색과 표현으로 순환되면서 점점 심화되고 확장된다.

따라서 음악 감상 활동은 다양한 소리를 적극적으로 탐색하고 음악의 개념을 지각하는 과정을 통해 유아가 음악을 이해하고 즐기는 방향으로 나아가야 하며(곽영숙, 2010) 음악을 듣고, 즐기고, 음미하는 경험뿐 아니라 음악 안에 내재된 삶의 全과정을 이해하는 심미적 과정이 되어야 할 것이다.

이를 위한 교사의 역할은 다음과 같다(Eleason & Jenkins, 2003 재구성).

첫째, 영유아는 음악을 들으며 행하고자doing 하는 요구needs를 지니고 있음을 이해하여야 한다. 음악을 들으며 몸을 움직이고, 음악을 들으며 노래 부르고, 음악을 들으며 춤추고, 음악을 들으며 악기를 연주하고, 음악을 들으며 떠오른 생각을 그림으로 표상하고자 하는 특성이 있다.

둘째, 영유아의 자발적 시도가 충분히 허용되는 자유로운 분위기를 만들어야 한다. 바른 자세로 앉아서 귀로 듣기만 하는 감상 활동보다는 자유로운 분위기에서 편안한 자세로 음악을 들으며 반응하고 표현하게 한다.

셋째, 충분한 공간을 제공하여 신체 활동을 하면서 음악을 즐기고 느낄 수 있게 한다. 음악을 들으며 몸을 흔들거나 걷고, 달리고, 호핑, 스키핑하며 음악에 반응할 수 있는 공간이 필요하다. 또한, 음악의 질적인 특성에 반응할 수 있도록 스카프나 리본, 리듬막대 등 소도구를 제공하여 표현 활동을 돕는다.

넷째, 교실 내에 있는 교사는 영유아의 음악가 정신musicianship을 격려함으로써 자유롭게 음악을 재구성하고 재조직하도록 한다. 노랫말이나 리듬, 박자 등을 창의적으로 구성할 기회를 제공한다. 영유아는 이러한 경험을 통하여 음악의 총체적 의미를 자연스럽게 습득하게 되며 음악성을 높일 수 있다.

다섯째, 창의적 사고와 활동을 자극할 수 있는 교수 자료나 경험을 제공함으로써 적절한 음악 학습 환경을 구성한다.

여섯째, 대집단 활동과 소집단 활동 및 개별 활동을 통해서 균형 있는 음악 활동이 전개되도록 한다. 활동에 따라 집단의 크기 및 활동 대형을 다양하게 계획함으로써 풍부한 음악 활동을 경험하도록 돕는다.

일곱째, 일과 내에서 계획된 음악 활동뿐 아니라 다양한 교육과정과 연계하여 음악을 경험하도록 지원한다. 영유아의 생활 경험과 관련 있는 음악의 주제들은 통합적 접근의 음악교육과정으로 심화되고 확장될 수 있다.

여덟째, 다양한 음악 감상을 통해서 음색이나 빠르기, 박자, 리듬, 선율, 화음 등 음악의 구성요소에 관심 갖고 비교해 보도록 함으로써 청감각의 발달을 돕는다.

아홉째, 다양한 장르의 음악을 감상하는 기회와 질 좋은 음악을 제공한다. 동요, 팝, 전통음악, 애니메이션과 영화 OST, 종교음악, 재즈, 록, 고전음악 등 다양한 장르와 양질의 음악을 들려주어 청지각 발달을 돕는다.

열째, 시대적·민족적 문화유산을 습득하도록 안내한다. 우리나라 고유의 전통음악에 담긴 민족의 정서와 삶의 유산에 대하여 강조함으로써 우리나라 문화에 대한 이해와 자부심을 갖고 계승·발전시켜 나갈 수 있도록 한다. 또한, 다른 나라의 문화와도 비교해 봄으로써 보편성과 특성을 이해하는 기회를 갖도록 한다(방은영, 2015).

열한째, 작곡가나 작사가의 경험을 공유함으로써 영유아가 경험하는 모든 일상과 주변 세계에서 마주하게 되는 모든 대상이 음악 주제가 될 수 있고 동시에 음악이 되어 인간의 삶을 즐겁게 해 준다는 사실을 느끼고 이해하도록 한다.

영유아를 위한 감상곡이 따로 있는 것은 아니며, 영유아의 흥미와 관심에 따라 충분히 즐길 수 있는 교육과정이 전개되어야 한다. 생활 주제에 따른 음악 감상곡은 다음과 같다.

〈표 5-3〉 영유아들의 음악 감상에 적합한 곡

생활 주제	작곡자	곡 제목	곡의 특징	음악 관련 요소
유치원, 어린이집과 친구	모차르트	장난감 교향곡	• 뻐꾸기 소리가 나는 피리, 나팔과 북, 댕그랑 소리 나는 톱니바퀴 등 소리가 어우러진 관현악곡	악기 음색
	비제	"어린이의 놀이" 중 '팽이'	• 어린이 놀이 총 12곡 중 제1곡, 팽이가 빙빙 돌아가는 모습 표현	빠르기
	비제	"어린이의 놀이" 중 '나발과 북'	• 어린이들이 나팔을 불고 북을 치면서 행진놀이 하는 모습을 표현	셈여림
	슈만	"어린이 전경" 중 '숨바꼭질'	• 숨바꼭질을 피아노로 표현한 곡	빠르기
봄	비발디	"사계" 중 '봄'	• 봄이 오고 있음을 묘사한 곡: 새소리, 시냇물 소리, 봄비 등 봄의 활기찬 모습이 느껴짐	음색
	요한 슈트라우스	봄의 소리 (왈츠)	• 파릇파릇 새싹이 돋는 봄의 생동감이 잘 드러나는 3박자의 왈츠곡으로 레가토로 날아갈 듯 연주되는 주 선율이 특징임 • 올라가고 내려가는 방향을 그림으로 표현하기, 스타카토, 빠르기, 셈여림 등의 변화를 느껴 볼 수 있는 곡	셈여림 빠르기
	요한 슈트라우스 2세	아름답고 푸른 도나우강	• 클래식 사상 가장 아름다운 왈츠로 평가받는 경쾌한 3박자 리듬의 춤곡	신체표현
	베토벤	바이올린 소나타 '봄'	• '봄'이라는 곡명은 베토벤 자신이 붙인 것은 아니지만, 곡의 신선하고 선율적인 느낌에 매우 잘 어울림	음색

생활 주제	작곡자	곡 제목	곡의 특징	음악 관련 요소
봄	멘델스존	"무언가" 중 '봄의 노래'	• 봄의 기쁨, 꽃이 향기롭게 피는 봄의 화원을 묘사한 곡	음색
	그리그	서정 소곡집 제3권 Op. 43-1 제1곡 '나비'	• 나비가 경쾌하게 나는 모습을 묘사한 곡	신체 표현 선율
	모차르트	피아노 협주곡 제17번 G장조	• 찌르레기의 경쾌한 소리를 앞꾸밈음으로 묘사	음색
나/가족	바그너	결혼 행진곡	• 신부 입장에 많이 쓰이는 곡으로 유아들에게도 친숙한 음악	신체표현 리듬
	멘델스존	결혼 행진곡	• 셰익스피어의 '한여름 밤의 꿈' 이야기 속의 결혼식을 위한 곡	선율
	베토벤	미뉴에트 G장조	• 온화하며 정겨운 선율이 특징임 • 각 소절의 첫 박자에 악센트가 있는 3/4박자의 우아한 춤곡	신체 표현 박자
	생상스	"동물의 사육제" 중 '화석'	• 해골들이 움직이는 모습을 실로폰의 맑은 음색으로 표현함	음색
	브람스	자장가	• 고요하고 따스한 분위기의 곡 • 우리나라 전래동요 자장가와 비교 가능함 • 어머니의 애정을 표현한 곡	선율
	전래동요	자장가	• '자장자장 우리 아가 꼬꼬닭아 울지 마라'로 알려진 전래동요 • 아기를 재우는 것처럼 점점 느리고 점점 작게 부르기에 적합	빠르기 셈여림
	아서 프라이어	휘파람 부는 사람과 개	• 개와 함께 산책하는 모습이 잘 묘사된 작품 • 휘파람 소리와 제일 마지막 개 짖는 소리가 울려 퍼지며 유아들의 흥미를 유발함	리듬
	슈만	즐거운 농부	• 일을 마치고 집으로 돌아가는 농부의 즐거운 모습이 F장조, 4/4박자로 잘 묘사됨 • 특히 피아노 초보자가 좋아함 • 연탄곡으로 편곡된 것도 있음	리듬

생활 주제	작곡자	곡 제목	곡의 특징	음악 관련 요소
나/ 가족	요한 슈트라우스 2세	폴카 '트리치 트라치' Op. 214	• 제목은 아낙네들이 떠들썩하게 이야기하는 것을 의미함 • 마치 아낙네들이 말을 빨리하는 것처럼 빠른 속도로 흐르는 경쾌하고 명랑한 곡	빠르기 리듬
	엘가	사랑의 인사	• 아내를 향한 엘가의 사랑과 따뜻한 마음이 담긴 곡	선율
동식물과 자연	아서 프라이어	휘파람 부는 사람과 개	• 개와 함께 산책하는 모습이 잘 묘사된 작품 • 휘파람 소리와 마지막 부분에 개 짖는 소리가 유아들의 흥미를 유발함	소리 탐색 (신체, 동물) 신체표현
	림스키코르사코프	왕벌의 비행	• 오페라 '술탄 황제의 이야기'의 2막 1장 연주곡 • 벌 떼가 백조의 주위를 날아다니는 모습을 묘사함	빠르기 음색
	프로코피예프	피터와 늑대	• 각 동물을 악기에 비유: 새는 플루트, 오리는 오보에, 고양이는 클라리넷, 할아버지는 바순, 늑대는 세 대의 호른, 피터는 현악 4중주, 총소리는 캐틀드럼과 큰북에 비유 • 등장인물 각자가 자신만의 음악적 주제를 가짐	악기 소리 탐색
	쇼팽	강아지 왈츠	• 강아지가 빙빙 도는 모습 묘사 • 강아지가 꼬리를 잡으러 빙빙 돌면서 재빠르게 움직이는 모습을 표현한 곡	빠르기 형식
	요나손	뻐꾹 왈츠	• 뻐꾸기 소리를 흉내 낸 경쾌한 스타카토와 중간 부분에 트릴로 이루어진 노래하는 듯한 부드럽고 은은한 가락이 날갯짓을 잘 묘사함	음높이 음길이

생활 주제	작곡자	곡 제목	곡의 특징	음악 관련 요소
동식물과 자연	생상스	"동물의 사육제" 중 '서주와 사자왕의 행진'	• 위풍당당한 사자왕의 행진을 느껴 볼 수 있는 곡 • 사자의 울음소리 부분을 찾아보며 음의 높낮이를 함께 알아볼 수 있음	음높이 표현하기 박과 리듬
	생상스	"동물의 사육제" 중 '당나귀', '거북이'	• 평원에서 뛰노는 당나귀의 모습을 두 대의 피아노로 연주함 • '거북이'는 느리게 연주되는 두 대의 피아노의 바탕음을 토대로 현악기는 낮은음으로 오펜바흐의 유명한 〈천국과 지옥〉의 선율을 연주함	빠르기
	생상스	"동물의 사육제" 중 '백조'	• 청아한 백조가 호수 위에 떠 있는 모습, 헤엄치고, 날아오르고, 떼 지어 나는 모습 등 평화롭고 아름다운 모습을 첼로와 2대의 피아노로 묘사한 곡	음색 신체표현
	생상스	"동물의 사육제" 중 '코끼리'	• 육중한 코끼리에 경쾌한 왈츠를 추게 하는 듯한 연주	음색
	앤더슨	고양이 왈츠	• 고양이의 울음소리도 나지만 마지막 강아지 소리와 함께 고양이가 도망가는 장면을 연상할 수 있도록 하는 유쾌한 곡	음색
	슈베르트	송어	• 송어가 유쾌하고 명랑하게 뛰노는 광경을 그린 곡	음색
	무소르그스키	"전람회의 그림" 중 '달걀 껍데기 속 병아리의 춤'	• 병아리의 귀여운 움직임과 울음소리를 묘사한 곡	빠르기
	드뷔시	달빛	• 달빛 어린 분위기를 낭만적으로 표현	음색

생활 주제	작곡자	곡 제목	곡의 특징	음악 관련 요소
여름	쇼팽	빗방울 전주곡	• 24개의 전주곡 중 15번이 가장 유명함 • 반복적으로 들려오는 A플랫 음이 떨어지는 빗방울을 연상시킨다 하여 훗날 '빗방울 전주곡'이라는 부제가 붙음. A플랫 음이 점점 세지며 단조로 변하고, 다시 밝은 분위기의 장조로 마무리되는 곡	셈여림 장 · 단조
	요한 슈트라우스	천둥과 번개	• 천둥과 번개를 음악으로 묘사: 팀파니는 천둥소리, 바이올린은 바람 소리	음색
	비발디	"사계" 중 '여름'	• 3악장은 갑자기 들이닥친 폭풍을 묘사한 곡이다. 무시무시한 번갯불과 천둥소리가 들리고 폭우가 쏟아짐	빠르기
	드뷔시	"바다(La Mer)" 3악장 '바람과 바다의 대화'	• 빠른 속도로 연주되는 현악기로 거세지는 파도를 표현함 • 연주의 강약을 통해 파도의 역동과 안정을 느낄 수 있는 곡	셈여림 빠르기
생활도구	앤더슨	고장 난 시계	• 시계의 똑딱거리는 소리, 자명종 소리 등이 나옴 • 고장 난 시계처럼 종종 정박과 어긋나게 연주되는 리듬이 재미있음 • 아침, 점심, 저녁에 해당되는 선율이 반복되어 나와 론도 형식을 이룸	리듬 형식(론도)
	미하엘리스	숲속의 대장간	• 대장간에서 하는 일, 대장간에서 만드는 도구, 도구를 만들 때 들리는 소리, 소리의 크기, 도구로 하는 일 등의 소리와 숲속 새소리의 조화 • 묘사 음악으로 소개하기 적당함	음색 셈여림 소리의 대비

생활 주제	작곡자	곡 제목	곡의 특징	음악 관련 요소
생활도구	하이든	"시계 교향곡" 중 2악장	• 규칙적인 리듬이 시계추가 흔들리는 것 같음 • 2악장의 도입부부터 규칙적인 반주가 시계추의 리듬을 연상시키는 곡	리듬
	앤더슨	타이프 라이터	• 타자기를 열심히 치는 타자수의 모습을 묘사 • 중간에 나오는 종소리에 맞춰 다양한 활동을 할 수 있음	음색 음길이
	생상스	"동물의 사육제" 중 '피아니스트'	• "동물의 사육제" 중에 유일하게 동물이 아닌 것이 '화석'과 '피아니스트'인데, 여기서 피아니스트는 피아노로 체르니를 현악 반주에 맞춰 연주하는 곡	선율 셈여림
	륄리	젓가락 행진곡	• 널리 알려진 피아노를 위한 작은 왈츠	빠른 6/8 박자 리듬
	쇼팽	빗방울 전주곡	• 반복적으로 들려오는 A플랫 음이 떨어지는 빗방울을 연상시킨다 하여 훗날 '빗방울 전주곡'이라는 부제가 붙음. A플랫 음이 점점 세지며 단조로 변하고, 다시 밝은 분위기의 장조로 마무리되는 곡	리듬 화성
	모차르트	오페라 "마술 피리" 중 '파파게노와 파파게나의 2중창'	• 이집트의 왕자 타미노가 새잡이 파파게노와 함께 마술 피리와 마술 방울의 힘을 빌려서 시련을 이기고 밤의 여왕의 딸 파미나와 맺어진다는 내용 • 재회의 기쁨으로 서로의 이름을 미처 부르지 못하고 수없이 더듬는 2중창	리듬 음색
	무소르그스키	"전람회의 그림" 중 '프롬나드'	• '산책'이란 의미의 '프롬나드'는 전시회장에서 한 그림을 보고 난 후 다른 그림을 보기 위해 걸어가는 과정을 표현한 곡	음색

생활 주제	작곡자	곡 제목	곡의 특징	음악 관련 요소
우리 동네	케델비	페르시아의 시장	• 페르시아라는 나라의 시장 모습을 묘사한 곡 • 번화한 시장의 풍경을 묘사함	악기 음색
	네케	크시코스 우편마차	• 빠르고 경쾌한 음악 • 마차가 달리는 모습을 표현함	빠르기
	미하엘리스	숲속의 대장간	• 새소리로 시작하는 아침과 망치를 두드리는 듯한 느낌이 묘사된 곡 • 느리게 묘사되는 아침과 후반의 빠르기의 비교가 가능함	빠르기 셈여림
	앤더슨	나팔수의 휴일	• 휴일에 정해진 일과에서 해방된 나팔수들이 한껏 신이 나서 경쟁하는듯 각자의 솜씨를 자랑하듯 숨넘어가게 빠른 속도로 불어 댐	음길이 (스타카토)
	코플랜드	호다운	• 호다운: 미국의 전통적인 2박자 춤곡 • 이 발레음악에서는 끝없이 춤을 추는 열광적인 장면을 그려 냄. 시골의 분위기와 정취를 매우 신명 나게 전함	셈여림
	베르디	대장간의 합창	• 이 곡은 오페라 "일 트로바토레"라는 웅장하고 역동적인 작품의 2막 1장에 나오는 합창곡	음색
	헨델	왕궁의 불꽃놀이	• 오스트리아의 왕위 계승 전쟁과 관련된 영국과 프랑스의 세력 다툼이 끝난 것을 기념하며 런던의 그린 파크에서 열린 불꽃놀이를 위해 헨델이 작곡한 곡	음색 리듬
	요한 슈트라우스 2세	아름답고 푸른 도나우강	• 오스트리아의 도나우강을 노래한 시에서 영감을 얻음	리듬 박자

<table>
<tr><th>생활 주제</th><th>작곡자</th><th>곡 제목</th><th>곡의 특징</th><th>음악 관련 요소</th></tr>
<tr><td rowspan="5">가을</td><td>경기 민요</td><td>풍년가</td><td>• 풍년과 흥취 있는 삶을 담은 흥겨운 노래
• 메기는소리와 후렴의 곡조가 같은 가락으로 되어 있고, 굿거리장단이나 타령장단에 얹어서 부름</td><td>리듬
굿거리장단
타령장단</td></tr>
<tr><td>슈만</td><td>즐거운 농부</td><td>• 어린이를 위한 앨범 중 제10곡으로 일을 마치고 집으로 돌아가는 농부의 즐거운 모습이 잘 묘사됨</td><td>음높이</td></tr>
<tr><td>경기 민요</td><td>풍년가</td><td>• 풍년과 흥취 있는 삶을 담은 흥겨운 노래</td><td>리듬</td></tr>
<tr><td>비발디</td><td>“사계” 중 ‘가을’</td><td>• 수확을 기뻐하는 농부의 춤을 표현하며 화창한 가을 날씨와 가을날 사냥을 즐기는 모습 등을 표현한 곡</td><td>음색</td></tr>
<tr><td>요나손</td><td>뻐꾸기 왈츠</td><td>• 뻐꾸기의 울음소리를 묘사한 음악으로 매우 경쾌한 묘사 음악이며 부드럽고 은은하게 흐르는 선율과 뻐꾸기의 울음소리가 경쾌함</td><td>선율</td></tr>
<tr><td rowspan="4">우리나라</td><td>조광제</td><td>산도깨비</td><td>• 한 편의 동화를 연상시키는 노랫말이 흥미로운 국악 동요</td><td>신체표현</td></tr>
<tr><td>민요</td><td>아리랑</td><td>• 진도아리랑, 밀양아리랑 등 여러 지역의 아리랑을 비교할 수 있음</td><td>빠르기</td></tr>
<tr><td>경상도 민요</td><td>쾌지나칭칭 나네</td><td>• 경상도 민요로 많은 사람이 모여 놀 때 즉흥적으로 노랫말을 붙여 한 사람이 메기고 여러 사람이 받아 주는 식으로 부름</td><td>리듬
굿거리장단</td></tr>
<tr><td>민요</td><td>강강술래</td><td>• 후렴 부분은 빠르기 조절이 가능함</td><td>빠르기
신체표현</td></tr>
</table>

생활 주제	작곡자	곡 제목	곡의 특징	음악 관련 요소
우리나라	김덕수	사물놀이 연주곡	• 풍물굿의 대표적인 타악기인 사물을 연주하는 음악으로 각 악기는 서로 음악을 주고받고 엉키고 밀치고 당기는 멋을 내며 기량을 발휘함	음색 (국악기 소리 구분하기) 리듬
	판소리	수궁가	• 토끼와 별주부의 속고 속이는 대결을 통해 조선 후기 사회를 풍자하는 판소리 다섯 마당 중 하나임	리듬 음색
	미상	가야금 산조 연주곡	• 진양조, 중모리, 중중모리, 엇모리, 굿거리 등의 장단 중 산조에 따라 3~6개의 장단 구성에 의한 악장으로 구분되며, 반드시 장구 반주가 따르는 연주곡	빠르기
	미상	가자가자 감나무	• 다양한 나무 이름을 말놀이로 구성한 노래	리듬 (장단)
세계 여러 나라	미상	아름다운 베르네, 목동의 노래 등 요들송	• 스위스의 목동들이 불렀다고 하며 요들이 나오는 부분에서 따라 부르기, 악기 연주(카우벨 이용), 동작 넣기 등이 가능함	신체표현
	브람스	헝가리 무곡	• 헝가리 집사의 춤곡으로 빠르기가 다양하게 변화함	빠르기 셈여림
	요한 슈트라우스	라데츠키 행진곡	• 전형적인 행진곡풍의 리듬으로 힘차게 시작하는 곡이며 북소리와 더불어 처음부터 매우 흥겨운 분위기가 연출되는 곡	리듬
	브람스	헝가리 무곡 5번	• 경쾌하며 흥겨운 헝가리 집시들이 추는 춤곡으로 소외된 자들의 음악이라 볼 수 있음	리듬 신체표현
	쇼팽	녹턴 (야상곡)	• 다양한 조성과 빠르기를 취하고 있으며 대부분 세도막형식(A–B–A)이 반영됨	조성 형식
	쇼팽	환상–즉흥곡	• A–B–A 형식으로 이루어진 피아노 독주곡	형식

생활 주제	작곡자	곡 제목	곡의 특징	음악 관련 요소
세계 여러 나라	리스트	라 캄파넬라	• '라 캄파넬라' 뜻은 종소리이며, 아름다운 선율이 특징임 • 파가니니의 바이올린곡을 리스트가 피아노로 편곡함 • 바이올린곡과 피아노곡을 감상하고 비교해 봄	음색 선율
	쇼팽	에튀드 Op. 10, No. 5 '흑건'	• '흑건'은 오른손으로 주로 검은색 건반만 친다고 하여 붙여진 별칭임. 빠른 리듬의 속도가 인상적인 명곡	빠르기 리듬
	헨델	할렐루야	• 헨델 작고 전 병상에서 하나님께 영광 돌리기 위하여 만든 곡이며 이 곡을 듣는 자들은 모두 기립 자세로 하나님께 영광 돌리며 감상함	선율 셈여림
	모차르트	세레나데 13번 1악장	• 세레나데: '늦은'이라는 뜻을 지닌 라틴어 '셀스(serus)'에서 유래. 밤에 사랑하는 사람을 위해 부르는 노래라는 뜻 • 밝고 명랑한 곡 분위기	선율 빠르기
	브람스	왈츠 15번 내림가장조 Op. 39	• 오스트리아 빈에 와서 작곡한 곡 • 빈 지역의 소박한 분위기와 밝고 낙천적인 느낌을 담은 3박자의 춤곡	선율 박자
	모차르트	교향곡 40번 1악장	• 단조 교향곡이며, 모차르트 초기 대표 교향곡 • 모차르트의 고뇌와 열정이 아로새겨진 아름다운 작품	빠르기 선율
	바흐	두 대의 바이올린을 위한 협주곡 D단조	• 두 대의 바이올린 선율이 모방과 변형을 통해 만들어 내는 짜임새가 뛰어난 작품으로 특히 모방의 미학을 보여 주는 2악장은 서정적임	선율 음색

출처: 강보라(2017); 이춘자·조인경(2013); 박명숙·이상은·심혜숙(2017), 재구성.

▷▶▷ 참고 5: 묘사 음악

1. 휘파람 소리와 개가 짖는 소리 묘사

- 휘파람 부는 사람과 개: 아서 프라이어가 작곡한 '휘파람 부는 사람과 개' 음악은 유아들이 좋아하는 대표적인 묘사 음악이다. 경쾌한 선율과 함께 휘파람 소리가 들리면, 유아들은 음악을 들으며 마음껏 자유로운 신체표현 활동을 한다. 음악 후반부에 호숫가에 울려 퍼지는 개가 짖는 소리는 회화적인 이미지를 연상시키면서 유아들의 상상 속에서 다양한 표상과 이야기를 이끌어 낸다.

2. 새소리 묘사 음악의 예

- 모차르트 피아노 협주곡 17번 G장조: 찌르레기 소리
- 보로딘의 교향곡 2번 4악장
- 레스피기의 관현악 모음곡 '새'
- 레스피기의 교향시 '로마의 소나무': 나이팅게일 소리를 듣도록 악보를 구성
- 메시앙의 '새의 카탈로그'
- 베토벤의 교향곡 6번 '전원' 2악장
- 본 윌리엄스의 '종달새의 비상'
- 동요 '뻐꾸기'
- 민요 '새타령'
- 차이콥스키 "호두까기 인형" 중 '꽃의 왈츠'

〈표 5-4〉 음악 감상 지도 평가표

범주	내용	그렇다	아니다
감상곡 선정	영유아의 경험과 연계되는가?		
	곡의 특징이 뚜렷하여 영유아가 듣기에 적절한가?		
	곡의 길이가 영유아에게 적절한가?		
	박자, 리듬, 선율, 형식 등 음악의 구성요소가 영유아의 음악적 발달에 적절한가?		
대형	영유아는 음악을 감상하기에 편안한 태도를 취하는가?		
매체	그림, 손인형, 융판 자료, 악기 등의 사용은 교육내용과 적절한가?		
	음악을 듣기에 적합한 양질의 음향기기를 사용하는가?		
감상 지도 과정	도입이 교육내용과 연계되어 있는가?		
	감상곡에 대한 설명(곡의 배경, 작곡자, 작사자 등)이 있는가?		
	감상곡에 대한 영유아의 느낌과 생각에 대해 이야기 나누는가?		
	다양한 방법을 활용하여 감상하는가?		
	영유아의 느낌이나 생각을 자유롭게 표현하는가?		
마무리	목표에 부합하는 평가가 자연스러운 맥락에서 이루어지는가?		
	본 활동 과정에서 유아들과 나눈 내용을 통하여 다음 활동으로 심화·확장하는가?		

출처: 김희진·박은혜·이지현(2011), 재구성.

'음악 감상' 활동계획안은 다음과 같다.

다음의 사례로 제시한 활동계획안은 2018학년도 유아음악교육 강좌를 수강한 예비교사들의 활동계획안과 재구성한 활동계획안이며, 그중 일부는 '생각 모으기' 내용을 살펴보도록 한다.

활동 5-2 | 슈베르트와 그의 음악 '나는야, 송어'

활동 목표

- 슈베르트와 그의 음악을 안다.
- 신체를 이용하여 송어의 움직임을 자유롭게 표현할 수 있다.
- 음악을 감상하며 작곡가의 마음을 이해하는 태도를 갖는다.

음악 관련 요소
리듬, 선율

교육과정 관련 요소
예술경험: 아름다움 찾아보기 – 움직임과 춤 요소 탐색하기
예술적 표현하기 – 움직임과 춤으로 표현하기

준 비 물
슈베르트 '송어' 음악 파일, 슈베르트 사진, 송어 사진, 맑은 물 사진, 융판, 스피커

활동 방법

① 물 흐르는 소리를 들려주고 이야기를 나눈 후 맑은 물 사진을 보여 준다.
- 이게 무슨 소리일까?
- 물의 모습이 어때?

② 송어를 소개해 주며 송어의 움직임을 표현해 본다.
- 송어는 어떻게 헤엄칠까?

③ 작곡가를 소개하고 그의 음악을 감상한다.

④ 음악에 대해 이야기를 나눈다.
- 음악을 들어 보니 어떤 느낌이 들었어?
- 슈베르트는 어떻게 헤엄치는 송어를 표현한 것 같아?

⑤ 작곡가의 작곡 의도를 알려 준다.

⑥ 음악을 감상하며 송어를 몸으로 표현한다.
- 눈을 감고 교실이 물속이 되었다고 상상한다.
- 물속에 헤엄치고 있는 송어가 되었다고 상상한다.
- 음악을 들으며 물속에 있는 송어를 표현한다.

평가

- 몸으로 직접 송어를 표현해 보니까 어땠어?
- 아쉬웠던 점이 있었니?

생각 모으기

① 그림 자료를 유아들이 모두 볼 수 있게 배치한다.

- 교사의 몸으로 융판을 향한 유아의 시선을 가려 유아가 그림 자료를 보지 못했다.

→ 교사가 자연스럽게 옆으로 이동하면서 유아의 시선을 확보해 준다.

② "잘 말해 주어서 고마워."라는 말에 대하여

- '해 주었어'라는 말이 문법적으로 올바르지 않다.
- '잘'이라는 말은 유아의 이야기를 판단하는 기준이 될 수 있다.

→"우리가 생각하지 못했던 생각을 ○○이는 그런 생각까지 했네. 대단해."와 같이 구체적으로 칭찬한다.

③ 수업 진행 순서

- 송어를 소개해 주기 전에 음악을 먼저 들려주는 것이 유아의 표현을 더 자유롭게 이끌 수 있다.

④ 눈을 감고 상상해 보는 활동과 음악을 감상한 후 이야기를 나누는 시간에 '송어' 음악을 작게 틀어 놓는다.

⑤ 송어와 슈베르트에 대한 정보가 부족하다.

- 송어의 크기, 서식지, 생김새 등을 알려 준다.
- 송어의 서식지와 슈베르트의 나라를 연관 지어 그림동화를 만든다.

→ 동화를 통해 오스트리아, 슈베르트가 살았던 호수를 설명해 준다.

⑥ 송어의 움직임과 어울리는 악기를 탐색해 본다.

- 어떤 느낌을 어떤 악기로 표현하고 싶은지 유아들에게 물어본다.

활동 5-3 | [재구성하기] 슈베르트와 그의 음악: 묘사 음악 '나는야, 송어'

활동 목표

- 슈베르트의 음악 '송어'를 감상하고 이해한다.
- 신체를 이용하여 송어의 움직임을 자유롭게 표현할 수 있다.
- 송어라는 물고기의 생김새와 생태에 관심을 갖는다.

음악 관련 요소 리듬, 선율

교육과정 관련 요소 예술경험: 아름다움 찾아보기 ㅡ 움직임과 춤 요소 탐색하기
예술적 표현하기 ㅡ 움직임과 춤으로 표현하기

준 비 물 슈베르트 '송어' 음원 파일, 송어의 움직임이 담긴 영상

활동 방법

① 음악을 들려준다.

② 음악에 대한 느낌을 나누며 느낌을 몸으로 표현해 보게 한다.
- 음악의 느낌이 어떠니?

③ 교사는 몸짓으로 물고기를 표현한 음악이라는 힌트를 준다.
- 이 음악 속에 나오는 물고기의 크기는 이만하대. (몸짓)

④ 송어에 대해 알아본다.
- 송어의 크기와 연결하여 이름, 서식지를 알아본다.

⑤ 송어의 움직임을 영상으로 감상한다.
- 영상을 보는 동안 음악을 감상할 수 있도록 음악을 들려준다.

⑥ 송어라는 음악을 소개한다.
- 이 음악은 송어가 헤엄치는 모습을 보고 만든 곡이래.
- 이 음악의 제목은 무엇일까?

⑦ 다시 음악을 감상하며 몸으로 송어를 표현한다.

- 송어를 몸으로 표현하는 활동을 하기 위해 자유 대형으로 앉는다.
- 누가 송어가 되어 볼까?

평가

- 몸으로 직접 송어를 표현해 보니까 어땠어?
- 또 어떻게 활동하고 싶니?

연계 활동

- 그림동화를 이용하여 작곡가 슈베르트를 소개한다.

활동 5-4 ❙ 뻐꾸기 왈츠: 묘사 음악

활동 목표

- 숲속 정경에 대해 알아본다.
- '뻐꾸기 왈츠'를 들으며 뻐꾸기 소리를 표현할 수 있다.
- 동요 '여름 냇가'를 들으며 느낀 것을 자연스럽게 몸으로 표현할 수 있다.

음악 관련 요소

선율, 음색

교육과정 관련 요소

예술경험: 예술적 표현하기 – 움직임과 춤으로 표현하기, 음악으로 표현하기

준 비 물

'뻐꾸기 왈츠', '여름 냇가' 음원 파일, 그림·낱말 카드, 리코더, 오카리나, 스피커, 융판

활동 방법

① 유아들과 숲을 보면 떠오르는 것에 대해 이야기 나눈다.

② 뻐꾸기 왈츠 음악을 감상한다.

③ 유아들과 노래에 맞춰 뻐꾸기 소리를 묘사하기 위해 이야기를 나눈다.
- 어느 부분이 뻐꾸기 목소리 같았니?
- 어떻게 노랫말로 표현할 수 있을까?

④ 교사가 뻐꾸기 소리를 악기로 묘사하고 들려준다.

⑤ 유아들과 악기 소리를 듣고 느낀 점에 대해 이야기 나눈다.
- 선생님이 리코더랑 오카리나로 뻐꾸기 소리를 표현해 봤는데, 어떤 느낌이 들었니?
- 어떤 악기가 가장 뻐꾸기 소리 같았니?

⑥ 유아들과 숲속에 무엇이 있는지에 대해 이야기 나눈다.

⑦ 유아들과 숲의 움직임에 대해 이야기 나눈다.

⑧ 유아들과 숲의 움직임에 대해 이야기 나눈 것을 노래에 맞춰 표현해 본다.

평가

- 뻐꾸기를 노래로 표현해 봤는데 어땠어?
- 노래에 맞춰 율동으로 표현해 봤는데 어땠어?
- 활동하면서 가장 재미있는 부분, 어려웠던 부분이 어디일까?

생각 모으기

① 통일된 맥락 흐름 필요하다.
- 많은 활동으로 팩트가 사라졌다.
- 융판, 악기, 움직임 표현 등 많은 활동으로 활동 주제가 명확하지 않다.

② 악기 소개가 미흡하다.
- 굳이 악기를 정했어야 했나?
- 유아들이 다양한 악기 소리를 직접 내면 어떨지.

③ 비언어적 메시지인 몸의 비계설정을 적절히 사용해 자연스럽게 유아의 생각을 이끌 수 있다.
- 교사는 음악을 들려주며 '어느 부분을 따라 해 볼래?'라고 말하고 양팔을 옆에서 살짝 흔들면서 '누가 날고 있을까?'라고 발문하면 자연스럽게 유아들의 생각은 '새'에 모아진다. 이어서 교사는 '어떤 새일까?'라고 질문하여 유아의 반응을 촉진할 수 있다.

④ 융판 사용은 적절하였나?
- 컴퓨터를 이용하여 실제 숲을 배경으로 숲속에 울리는 뻐꾸기 소리를 들려주면 좋았을 것이다.

⑤ 과도한 손유희는 음악의 질을 떨어뜨릴 수 있다.

⑥ 내가 뻐꾸기가 되자.
- 뻐꾸기 소리를 듣고 뻐꾸기가 된 모습을 상상할 수 있도록 다양한 활동보다는 한 활동에 집중하여 탐색·표현·감상할 수 있도록 한다.

⑦ 작곡가 소개 필요하다.
- 작곡가가 이 곡을 만든 동기는 무엇일까?
- 작곡가는 이 곡에 어떤 마음과 느낌을 담고 싶었을까?

활동 5-5 | [재구성하기] 뻐꾸기 왈츠: 묘사 음악

활동 목표

- 뻐꾸기 소리에 대해 알아본다.
- '뻐꾸기 왈츠'를 들으며 뻐꾸기 소리를 표현할 수 있다.
- 음악을 바르게 감상하는 태도를 기를 수 있다.

음악 관련 요소 리듬, 선율, 음색

교육과정 관련 요소 예술경험: 예술적 표현하기 – 음악으로 표현하기

준 비 물 '뻐꾸기 왈츠' 음원 파일, 스피커, 숲 화면 PPT, 다양한 악기(리코더, 오카리나, 리듬악기 등)

활동 방법

① 뻐꾸기 소리와 숲 화면을 보여 주며 이야기를 나눈다.
- 이 소리를 들어 본 적 있니?

② '뻐꾸기 왈츠' 음악을 감상한다.

③ '뻐꾸기 왈츠'의 작곡가를 알려 주고 어떤 느낌이 드는지 이야기를 나눈다.
- 이 곡은 요나손이라는 작곡가가 만든 곡이란다.
- 작곡가가 이 곡을 만든 이야기를 알아볼까?
- 어떤 느낌이 들었니?

④ 유아들과 노래에 맞춰 뻐꾸기 소리를 묘사하기 위해 이야기를 나눈다.
- 어느 부분이 뻐꾸기 목소리 같았니?
- 어떻게 노랫말로 표현할 수 있을까?

⑤ 뻐꾸기 소리를 어떤 악기로 묘사해 볼 수 있을지 이야기를 나눈다.
- 어떤 악기로 뻐꾸기 소리를 내어 볼 수 있을까?
- 왜 그렇게 생각했니?
- 묘사해 보고 싶은 악기를 가져와서 연주해 보자.

⑥ '뻐꾸기 왈츠'에 맞춰 악기와 노랫말로 뻐꾸기 소리를 표현해 본다.

♫♪ 평가

- 뻐꾸기 소리를 노랫말로 표현해 봤는데 어땠어?
- 악기로 뻐꾸기 소리를 표현해 봤는데 어땠니?
- 활동하면서 가장 재미있었던 부분과 어려웠던 부분은 무엇이니?

다음은 생활 주제인 '동식물과 자연'에서 동물에 초점을 맞추어 수업을 구성하였다. 소주제 '궁금한 동식물'을 선택하여 노래를 부르면서 자연스럽게 노래 속 동물에 관심을 갖고 알아가는 활동이다. 먼저 곡에 대해 알아보자.

- 생활 주제: 동식물과 자연
- 소주제: 궁금한 동식물 – 딱따구리

딱따구리

외국곡

• 곡 분석

- 곡명: 딱따구리
- 작사 · 작곡: 외국곡
- 음역대: 가끔 높은 '레'가 있지만, 만 5세 유아가 부르기 적합한 음역대인 '도'에서 '라'까지 이루어짐
- 박자: 4/4박자
- 곡의 조성: 라단조
- 곡의 분위기: 어두움
- 이동도법

  도 솔 도 솔 | 솔파미파솔 솔 | 도 솔 도 솔 | 솔파미레도 도 |
  미 도 미 도 | 미레미파솔 솔 | 도 솔 도 솔 | 솔파미레도 도 |
  미 도 미 도 | 미레미파솔 솔 | 도 솔 도 솔 | 솔파미레도 — |
- 가사, 리듬, 선율의 반복

• 생각 나누기

[활동 5-6] '뚝딱뚝딱 나는 누구일까요?' 계획안에 대하여 생각 모으기 과정 후 [활동 5-7] 재구성하기 '뚝딱뚝딱 나는야 딱따구리' 계획안으로 재구성되었다. [활동 5-6]의 계획안과 [활동 5-7] 재구성하기 계획안을 비교해 보고 서로 생각을 나누어 본다.

활동 5-6 | 뚝딱뚝딱, 나는 누구일까요?

활동 목표

- 딱따구리에 대해 안다.
- 노래를 듣고 따라 부를 수 있다.
- 딱따구리에 관심을 갖는다.

음악 관련 요소 높낮이, 리듬, 선율, 악센트, 분위기

교육과정 관련 요소 예술경험: 아름다움 찾아보기 – 음악적 요소 탐색하기
예술적 표현하기 – 음악으로 표현하기

준 비 물 나무에 붙어 있는 딱따구리 사진, 딱따구리가 나무를 쪼아서 벌레를 잡아먹는 사진, 딱따구리가 나무 구멍 안에 들어가 있는 사진, 딱따구리가 나무를 쪼는 영상

활동 방법

① 가사 없이 피아노 반주로만 노래를 들려준다.

② 어떤 느낌이 드는지 이야기를 나눈다.
- 음악의 분위기가 어때?
- 이런 분위기가 나는 곳은 어떤 곳일까?

③ 피아노 반주를 하며 교사가 '뚝딱뚝딱'만 노래로 부르고 다른 가사는 이야기를 들려주듯이 이야기한다.

④ 노랫말에 대해 이야기를 나눈다.
- 이곳은 어떤 곳이래?
- 이 산속에서 어떤 소리가 들렸지?
- 누가 이런(뚝딱뚝딱) 소리를 내는 것일까?

⑤ 다시 노래를 불러 주며 노랫말의 주인공이 누구인지 생각해 보도록 한다.

⑥ 노랫말의 주인공이 '산속에 사는 동물'이라는 힌트를 준다.

- 딱따구리라는 사실을 유아들이 안다.

⑦ 나무에 붙어 있는 딱따구리 사진을 보여 준다.

⑨ 부분노래방법으로 노래를 지도한 후 전체적으로 노래를 부른다.

⑩ 딱따구리가 나무를 쪼는 이유가 무엇인지 유아들의 생각을 이야기해 보도록 한다.

⑪ 딱따구리가 나무를 쪼는 영상을 보여 주며 한 번 더 생각해 보게 한다.

⑫ 딱따구리가 나무를 쪼는 이유를 사진을 보여 주며 알려 준다(사진 자료 제시).

- 딱따구리는 집을 만들고 벌레를 잡아먹기 위해 나무를 쫀단다.

⑬ 딱따구리 영상을 보여 주며 피아노 반주에 맞춰 노래를 부른다.

♫♪ 평가

- 어떤 부분이 재미있었어?
- 깊은 산속에서 딱따구리가 나무를 왜 찍고 있었는지 알 수 있었니?
- 아쉬웠던 점이 있었니?

♫♪ 연계 활동

- 딱따구리가 나무를 쪼는 소리를 듣고 노랫말을 바꾸어 불러 본다.
- 딱따구리가 나무를 쪼는 소리와 비슷한 리듬악기를 탐색해 본다.
- 노래에 맞추어 악기를 연주한다.

활동 5-7 | [재구성하기] 뚝딱뚝딱, 나는야 딱따구리

활동 목표

- 딱따구리 소리를 감상하고 소리와 어울리는 리듬악기를 안다.
- 노래를 부르며 리듬악기를 연주할 수 있다.
- 다양한 리듬악기 소리와 연주 방법을 탐색하며 즐긴다.

음악 관련 요소

높낮이, 리듬, 선율, 악센트, 장단

교육과정 관련 요소

예술경험: 아름다움 찾아보기 – 음악적 요소 탐색하기
예술적 표현하기 – 음악으로 표현하기

준 비 물

딱따구리가 나무를 쪼는 소리 파일, 딱따구리가 나무를 쪼는 영상, 다양한 리듬악기(캐스터네츠, 우드블록, 톤블록, 샌드블록, 트라이앵글, 북, 카바사, 아고고벨 등)

활동 방법

① '딱따구리' 노래를 교사의 반주에 맞추어 유아들과 함께 노래를 부른다.

② 딱따구리가 나무를 쪼는 영상(소리와 함께)을 보여 준다.

③ 딱따구리가 나무를 쪼는 소리가 어떻게 들리는지 말한다.

④ 나무를 쪼는 소리를 소리로만 들려주고 이야기를 나눈다.
- 노랫말에 나오는 '뚝딱뚝딱' 소리와 실제 소리가 다름을 느낄 수 있다.

⑤ '뚝딱뚝딱'이 아닌 유아들이 표현한 소리(예 딱딱딱딱)로 가사를 바꾸어 노래를 부른다.

⑥ 다양한 리듬악기를 탐색해 보며 유아들이 탐색한 딱따구리 소리와 비슷한 소리가 나는 리듬악기를 찾아본다.
- 소리를 내고 싶은 유아가 한 명씩 나와서 준비된 악기를 이용하여 자유롭게 딱따구리 소리를 표현해 보도록 한다.

⑦ 탐색한 후 딱따구리 소리와 가장 비슷한 악기를 유아들이 선택하도록 한다.
- 어떤 악기 소리가 딱따구리 소리 같았어?
- 유아들은 나무로 만들어진 악기가 딱따구리 소리와 비슷하다는 것을 자연스럽게 안다.

⑧ 유아들이 선택한 리듬악기를 보며 공통점을 찾아보도록 한다.
- 나무로 만들어진 악기

⑨ 유아들이 고른 나무로 만들어진 리듬악기를 하나씩 가지고 노래를 들으며 '딱딱딱(유아들이 바꾼 노랫말)' 부분에 맞춰 악기 연주를 한다.

⑩ 피아노 반주에 맞춰 노래를 부르며 악기 연주를 한다.

♬♪ 평가

- 노랫말을 바꾸어 불러 보니까 어땠어?
- 악기로 딱따구리 소리를 표현해 보니까 어땠어?
- 어떤 부분이 재미있었어?

활동 5-8 | 브람스와 그의 음악: 음악과 함께하는 꿈나라 여행

<table>
<tr><td>학급명/연령</td><td>만 5세</td><td>일시</td><td colspan="3">2018년 4월 17일</td></tr>
<tr><td>생활 주제</td><td>세계 여러 나라</td><td>주제</td><td colspan="3">브람스와 그의 음악</td></tr>
<tr><td>소주제</td><td colspan="5">다른 나라의 작곡가와 그의 음악</td></tr>
<tr><td>활동명</td><td>음악과 함께하는 꿈나라 여행</td><td>집단 형태</td><td>대집단</td><td>소요시간</td><td>20분</td></tr>
<tr><td>활동 목표</td><td colspan="5">1. 브람스와 그의 음악인 자장가에 대해 알아본다.
2. 음악에 대한 느낌과 생각을 자유롭게 말한다.
3. 음악을 이해하며 노래를 부를 수 있다.
4. 편안한 마음으로 음악을 감상한다.</td></tr>
<tr><td>활동 자료</td><td colspan="5">블루투스 스피커, PPT(사진과 노랫말)</td></tr>
<tr><td>활동 전개</td><td colspan="5">활동 내용</td></tr>
<tr><td>도입</td><td colspan="5">[자연스러운 맥락을 위하여 활동 순서를 재구성함]
• '자장가' 음악을 들으며 모여 앉는다.</td></tr>
<tr><td>전개</td><td colspan="5">① 낮잠 시간에 '자장가'를 미리 들어 봤다는 것을 전제로 수업을 진행한다.
- 미리 들어 보는 것을 통해 유아들도 따라 부를 수 있게 된다. (흥얼거리며 부를 수 있게 됨)
- 교사의 부담이 감소한다.

② 수업시간에 곡을 즐긴다.
- 교사는 노래를 부르지 않고 선율만 부른다.
- 선율을 들려주며 교사가 노랫말을 시처럼 읊어 준다.
(유아가 노랫말을 음미할 수 있음)
- 교사가 직접 노래를 불러 준다. (이때 교사의 목소리로 된 음원을 사용해도 됨 → 노래의 음이 높아지는 것을 방지할 수 있음)
- 노래를 부르는 교사는 이 음악의 정서대로 끌어안듯이 불러야 한다.

③ 유아들과 함께 노래를 부른다.
- 전체노래방법으로 하되 어려운 부분은 따로 떼어서 부분노래방법을 사용하는 결합노래방법을 활용한다.
('찾아올 때까지'를 손 모양으로 강조 → 선 그림 카드 사용)</td></tr>
</table>

활동 전개	활동 내용
전개	④ 작곡가 브람스와 그의 음악인 '자장가'에 담긴 의미를 소개한다. – 브람스 사진 자료를 융판에 붙여 소개한다. T 이 사진 속에 있는 분이 바로 우리가 오늘 들어 본 '자장가'를 만든 작곡가는 브람스 선생님이야. 브람스 선생님은 친구의 아들이 태어난 것을 축하하고 그 아이가 행복하게 잠이 들기를 원하면서 이 곡을 작곡하셨다고 해. – "축하해, ○○아."를 '자장가'에 넣어서 유아들과 함께 활동할 수 있다. T 브람스 선생님처럼 우리도 축하해 주고 싶은 친구들 이름을 노래에 넣어서 불러 보자. ⑤ 교사가 피아노 반주를 하며 유아들과 함께 부른다. T 선율만 들었을 때랑 노랫말 붙여서 들었을 때와 느낌이 어떻게 달랐어? T 어떤 가사가 제일 기억에 남았어? T 이번에는 가사를 머릿속에 떠올리면서 선생님의 피아노 반주에 맞춰 같이 불러 보자.
마무리	• 좋았던 점, 아쉬웠던 점에 대해 이야기를 나누어 본다. T 우와! 너희가 자장가를 너무 잘 불러 줘서 선생님이 잠들 뻔했어. T 우리가 브람스의 자장가를 들어 봤는데, 활동하면서 어떤 생각이 들었어? T (유아들의 답변에 호응하고) '다음에 또 들을 땐 이렇게 하면 좋겠어요.'라고 생각을 말해 볼 사람 있니? T (유아들의 답변에 호응하고) 내일 동생반에서 쉴 때 우리가 자장가를 들려주며 잘 자도록 재워 주도록 하자. T 얘들아, 우리가 집에 가서도 밤이 되면, 가족들이 편안하게 잠들 수 있도록 나지막한 소리로 자장가를 부르는 거야, 어때?
후속 활동	• 동생반 유아들의 낮잠 시간에 자장가를 들려주며 잠을 재워 보는 활동으로 연계한다. • 원곡보다 키를 낮춰서 불러 준다.

6

노래 부르기

노래는
영유아의 생각과 느낌을
단어, 시, 문학, 그림, 신체 활동으로 표현하는
일상의 심미적 대화이다.

어머니가 들려주는 자장가는 아기가 세상에 태어나서 만나게 되는 첫 노래이다. 이후 나비를 쫓고 잠자리를 잡으면서, 소꿉놀이를 하고 가위바위보를 하면서, 이가 빠진 친구를 놀리는 등 친구들과 함께 하는 놀이에서, 아름다운 자연 현상이나 산천초목을 대하면서 노래는 일상이 된다.

특별한 기교 없이 일상의 언어로 접근되는 노래는 영유아의 생각과 느낌을 있는 그대로 표상한다. 단어, 시, 문학, 그림, 신체 활동으로 표현하고 의사소통 능력을 발달시키며, 정서적 안정과 심미적 발달을 이루도록 돕는다. 또한, 노랫말 바꾸어 부르기나 영유아 자신이 생각한 방법으로 리듬을 변화시키거나 만들어 노래를 부르는 것은 창의성을 발달시키고, 또래와 함께 노래를 부르는 과정에서 사회성 발달과 협동심을 키워 나가게 되며, 다양한 음률 활동을 즐기는 가운데 심미적인 아름다움을 찾고 표현한다.

Montessori(1971)는 노래 부르기 활동이 언어가 발달되지 않은 영유아의 언어 발달을 도와주며 집중력을 발달시켜 주고, 정서적 안정감과 협동심, 의사소통 능력을 키우는 데 도움이 된다고 하였다. Greenberg(1979)는 영유아가 느끼고 생각한 바를 표현하고 능력을 증진시키며 정서적 예민성을 증진시켜 주는 음악적 경험의 중요성을 언급하였다.

이와 같이 노래 부르기는 신체·언어·사회성·정서·인지·창의성·심미적 발달을 통합하여 접근할 수 있는 활동이므로 영유아의 삶에서 자연스럽게 지속적인 경험으로 제공되어야 한다.

1 동요의 의미

어린이가 부르는 노래인 동요童謠는 아동가요兒童歌謠를 줄인 말로서 우리나라와 중국, 일본 등 한자 사용권 나라에서 통용되는 말이다. 영어를 사용하는 나라에서는 Children's Song어린이의 노래 또는 Nursery Song영유아의 노래이라고 지칭하여 노래 부르는 대상을 영유아기와 아동기로 국한하나, 우리나라에서는 어린이뿐 아니라 남녀노소의 범 세대가 두루 동요를 애창하며 소중하게 생각하고 있다.

2 동요의 형태적 분류

동요는 전래동요와 창작동요로 나눌 수 있다.

전래동요는 구비문학의 일종으로 그 속성을 모두 가진다. 이에 대해 박두진(1968)은 "예로부터 현재까지 전해지는 대중의 작품으로 작자와 시창자가 없고 입에서 입으로 방방곡곡 전해지면서 아동의 마음에 맞도록 자생自生, 자성自成한 노래"라고 하였고, 김영돈(1981)은 "언제, 누가 지었는지는 모르고, 새나 꽃, 동물, 곤충을 보고 눈과 비를 내려 주는 하늘의 경이로움을 느끼면서, 친구들과 따뜻한 정을 나누고 즐겁게 뛰어놀면서 부르는 노래로, 어린이가 입에서 입으로 동요를 부르는 사이에 그들의 사랑과 지혜, 수평 민주의식, 질서를 키워 왔다."라고 정리한다.

전래동요는 다시 기재동요와 구전동요로 나눈다. 기재동요는 구전되는 과정에서 문헌에 기재된 것, 구전동요는 시대의 흐름에 따라 첨삭되고 소멸되고 다시 발생되는 과정을 거치다가 현대에 와서야 정리된 것을 말한다(류덕희·고성휘, 1996).

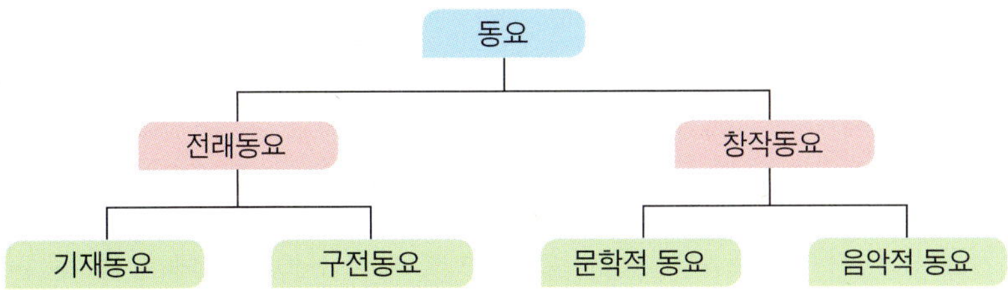

[그림 6-1] 동요의 분류

출처: 류덕희·고성휘(1996).

1) 전래동요

전래동요는 우리의 민속음악의 고유음계인 5음 음계라-도-레-미-솔의 단순 가락에 실려 퍼져 나갔으며, 시대의 흐름에 따라 소멸된 것도 있고, 일부는 수정되어 전래되고 있다. 오늘날까지 전래된 것을 보면 매우 가치 있는 고전예술로 평가되어 고유의 문화유산으로 물려받게 된 것임을 알 수 있다(류덕희 · 고성휘, 1996).

전래동요의 노랫말을 살펴보면 그 시대의 사회상과 백성들의 생활상을 쉽게 감지할 수 있다. 조상과 부모, 형제, 자매를 노래하는 가족 단위의 노랫말, 꽃, 나무, 풀, 곤충, 새, 동물, 물고기 등 자연 생태계의 노랫말, 유희나 율동을 하기에 적절한 내용의 노랫말과 풍자하거나 해학적인 노랫말로 표현되고 있음을 알 수 있다.

다음은 현대에도 이어지고 있는 대표적인 전래동요이다.

술래잡기(충남 천안 지방)

꼭꼭 숨어라 머리카락 뵌다 / 꼭꼭 숨어라 옷자락이 뵌다

강강술래(전남 목포 지방)

산아 산아 추영산아 (강강술래) / 놀기 좋다 백두산아 (강강술래)
잎이 피면 청산이오 (강강술래) / 꽃이 피면 화산이오 (강강술래)
청산 화산 넘어 가면 (강강술래) / 우리 부모 보련만은 (강강술래)
남의 부모 명자씨는 (강강술래) / 책장마다 실렸건만 (강강술래)
우리 부모 명자씨는 (강강술래) / 어느 책에 실렸던고 (강강술래)

쾌지나칭칭(경북 상주 지방)

하늘에는 별도 많다 (쾌지나칭칭 노네) / 강변에는 돌도 많다 (쾌지나칭칭 노네)
솔밭에는 공이도 많다 (쾌지나칭칭 노네) / 달밭에는 마디도 많다 (쾌지나칭칭 노네)
머슴들이 노든 자리 (쾌지나칭칭 노네) / 미신 짝이 안 빠졌든가 (쾌지나칭칭 노네)
처자들이 노든 자리 (쾌지나칭칭 노네) / 명주 댕기 안 빠졌든가 (쾌지나칭칭 노네)

자장가(1) (강원도 강릉 지방)

자장자장 위리자장 / 우리 아긴 잘도 잔다
옆집 아긴 못난 아기 / 우리 아긴 잘난 아기
우리 아긴 잘도 잔다 / 위리자장 위리자장

자장가(2) (충남 공주 지방)

우리 아기 잘도 잔다 / 꼬꼬닭아 우지 마라
삽살개도 잘도 잔다 / 싸근싸근 꿈나라로
우리 아기 잘도 잔다 / 우리 아기 잘도 잔다

달아 달아 밝은 달아(전국 각 지방)

달아 달아 밝은 달아 / 이태백이 노던 달아
저기 저기 저 달 속에 / 계수나무 박혔으니
옥도끼로 찍어 내고 / 금도끼로 다듬어서
초가삼간 집을 짓고 / 양친 부모 모셔다가
천년만년 살고 지고 / 천년만년 살고 지고

별(평북 신의주 지방)

별 하나 나 하나 / 별 둘 나 둘
별 서이 나 서이 / 별 너이 나 너이
별 다섯 나 다섯 / 별 여섯 나 여섯
별 일곱 나 일곱 / 별 여덟 나 여덟
별 아홉 나 아홉 / 별 열 나 열

파랑새(전국 각 지방)

새야 새야 파랑새야 / 녹두밭에 앉지 마라
녹두꽃이 떨어지면 / 청포장수 울고 간다

성씨 풀이(황해 지방)

이 서방 일하러 가세 / 김 서방 김매러 가세
조 서방 조하러 가세 / 신 서방 신이나 삼세
배 서방 배 사러 가세 / 방 서방 방석이나 틀세
우 서방 우물이나 좀 파 주게 / 오 서방 오이 사러 가세
유 서방 유쾌히 놀세

전래동요의 특징은 다음과 같다(한용희, 1994).

- 오늘날 동요와 같이 노랫말이 일정한 정형으로 구성되어 있다. 4 · 3조, 4 · 4조, 3 · 3조, 3 · 2조 등 노래 부르기 쉽고 리듬을 타기 쉽게 잘 정리되어 있다는 점에서 노랫말에 담겨 있는 내용이 함축적이다.
- 오늘날의 동요가 음악적 의미를 더 강조하는 데 비하여 전래동요는 가락이나 리듬이 매우 단순하다.
- 노랫말은 상당히 구체적으로 표현되고 있으며 문학적 의미가 크다. 또한, 향토 특유의 방언이 사용됨으로써 표현 방법이 다채롭고 다양하다.
- 짧은 가락과 단순한 리듬 등 전래동요의 가락과 리듬에서 음악적 가치를 유아들과 함께 즐기면서 운율을 살려 만들어 볼 수 있다.

'민요의 재발견' 차원에서 전통문화의 계승이라는 보존적 가치를 현대적 문화로 승화시켜서 유아의 현재와 미래 생활에 깊이 활용되는 노래로서 더욱더 개발하고 발전시켜 나가는 노력이 필요하다.

2) 창작동요

창작동요는 어른이 아동을 위해서 창작한 동요로서 아동문학에 포함되는 장르이며 아동음악의 부류이다. 창작동요의 초기 형태는 문학적 의미가 다소 강한 아동예술이었으나 현대에 이르러서는 거의 음악작품으로 인식되고 있다.

3 동요의 내용적 분류

1) 동요의 음악적 분류

전래동요와 창작동요의 가장 큰 차이는 음악적 구조이다. 전래동요는 구전되었기 때문에 우리 전통음악을 그대로 반영한 완전4도와 단3도에 기초한 5음 음계를 가지고 있으며 12/8박의 계열이 단연코 다수를 차지한다.

주요 리듬은 ♩♪♩♪, ♩. ♩. , ♪♪♪♪♪♪ 등의 6/8, 9/8, 12/8박자의 리듬패턴을 따르며, 굿거리, 진양조, 중모리, 자진모리, 휘모리 등의 전통음악 장단을 형성하는 기초를 제공한다. 지방별로 기초음계와 장단의 변화는 없으나, 리듬의 복잡함, 꾸밈음의 많고 적음의 차이가 있어서 다양한 노래 형태를 나타낸다.

반면에 창작동요는 우리나라에 서양음악이 들어온 후 창작된 노래이기 때문에 전통음악에 기초하기보다는 서양음악에 기초한다고 보아야 할 것이다. 창작동요의 음악적 구조는 2/4, 3/4, 4/4, 6/8박자로 다양한 2박 계열과 3박 계열이 존재하고 5음 음계에서 7음 음계로 확대되는 음악 구조를 갖고 있다. 현대에 이르러서는 우리 음악에 대한 인식의 확대로 창작 국악동요가 나타나게 된다. 이상에서 살펴본 창작동요와 전래동요의 음악 특성상 차이점을 정리해 보면 다음과 같다(류덕희·고성휘, 1996).

〈표 6-1〉 창작동요와 전래동요의 음악 특성의 차이점

특성	전래동요	창작동요
기초 음계	5음 음계(완전4도와 단3도)	5음 음계에서 7음 음계로
박자	12/8, 9/8, 6/8	2/4, 3/4, 4/4, 6/8
전파 방식	구전	악보상에 기록
지방별 특성	존재	존재하지 않음
곡의 유사성	거의 모든 곡이 선율과 리듬면에서 유사	노래마다 다양한 선율과 리듬을 가짐

출처: 류덕희·고성휘(1996).

2) 동요의 문학적 분류

전래동요는 주로 4·4조에 기초한 4·3조, 3·4조, 3·3조 등의 음수율을 지니고 있다. 창작동요는 4·4조와 7·5조 등의 음수율을 지키고 있으나, 7·5조의 음수율이 더 많이 나타난다.

또한, 전래동요는 선창과 후창이라는 공동체적 노래 형태가 존재하여 혼자서 부르는 노래와 둘이 같이 부를 수 있는 노래, 여럿이 부를 수 있는 노래 등으로 분류될 수 있으며 지방어 특색이 존재한다(류덕희·고성휘, 1996).

〈표 6-2〉 **창작동요와 전래동요의 문학적 특징**

특성	전래동요	창작동요
음수율	대부분 4·4조	대부분 7·5조
노래 형태	독창, 선창과 후창의 집단노래로 분화	독창, 이중창, 합창 또는 돌림노래
가사 길이	이야기식의 가사로 매우 길거나 짧음	일정하며 절 구분이 뚜렷함
지방어	지방어 특색 존재	지방어 특색 없음

출처: 류덕희·고성휘(1996).

4 발달 단계에 적합한 노래 부르기

최초의 악기이자, 최고의 악기인 목소리를 부여받고 태어난 인간은 태어나면서부터 성대를 사용하여 울고 옹알이를 하게 되며, 이 모든 소리는 다분히 음악적이다(이춘자·조인경, 2013).

영유아가 즐겨 부르는 노래를 특징별로 살펴보면 다음과 같다.

1) 영유아 발달에 적합한 노래의 특징

영유아는 선율이 반복되는 노래, 노랫말에 반복이 있는 노래, 음성 발달 단계에 적합한 음역의 노래를 좋아하며(Stellaccio & McCarly, 1999), 영유아의 노래는 이러한 음역과 소재, 음악적 구성을 고려해 선정하여야 한다.

(1) 음역

3~4세 유아의 경우 '레'에서 '라'까지 음역의 노래를 쉽게 따라 부르며, 3~6세 유아는 낮은음에서 높은음으로 올라가는 노래보다 높은음에서 낮은음으로 내려오는 노래를 더 쉽게 부른다(김명순 · 조경자, 2001).

영유아의 경우 5~6개 음으로 된 노래가 좋으며, 선율 간격이 단순한 노래가 적절하다(이영 · 유애열, 1985).

〈표 6-3〉 연령별 선율 발달 단계

연령	발달적 기능
6개월 미만	• 음의 높고 낮은 차이에 반응한다. • 목소리로 음의 높낮이를 조절할 수 있으며 소리를 따라 하기 시작한다.
6~18개월	• 음높이의 흐름 사이의 차이를 구별한다. • 악구의 끝과 음정에 민감하다.
18개월~ 만 4세	• 음 흐름과 리듬에 기초하여 친숙한 악구와 노래를 인식할 수 있다. • 친숙한 자료를 연주하는 능력이 증가한다. • 상대음정보다는 절대음정에 더욱 주의를 집중한다. • 악구에 민감함이 동작을 통해 나타난다.
만 4~8세	• 높낮이, 올라가는 것과 내려오는 것 등과 같은 음높이와 선율의 개념을 터득하기 시작한다. • 이러한 음악 지식은 먼저 예를 보여 주고(4~5세), 그 후에 말한다(5~6세). • 음정과 조성에 대해 민감해진다. • 단위로서 악구 개념이 지속적으로 발달한다.

출처: Campbell & Scott-Kassner(2014), 강보라(2017), 재구성.

(2) 내용

영유아에게 친숙한 소재를 내용으로 담고 있는 노래가 적절하며 친숙한 소재는 다음과 같다.

- 몸과 관련된 노래

  예 머리 어깨 무릎 발, 내 몸, 어디 있어, 엄지 어디 있소, 엄지는 춤춰, 오른발 왼발

- 가족, 친구에 관한 노래

  예 아버지와 어머니, 짝짜꿍, 내 동생, 엄마 아빠, 누가 사나

- 신체 활동을 안내하는 노래

  예 깽깽이로 뛥시다, 악수하고 악수하고, 너의 조그만 것, 손을 앞으로, 밖으로 나가 놀자

- 자연 현상과 사회 현상을 담은 노래

  예 우리나라 좋은 나라, 가을, 나는 착한 아이 되고 싶어요, 봄을 부른다, 가을

- 수와 관련된 노래

  예 깊고도 넓고도, 10열의 노래, 숫자놀이, 10열 작은 아이, 숫자 풀이

- 게임 활동과 연계하는 노래singing game

  예 갈 때 인사놀이, 작은 흰 쥐, 그대로 멈춰라, 깽깽이로 뛥시다

- 극화할 수 있는 노래

  예 산중호걸, 도깨비 나라, 허수아비 아저씨, 산토끼야, 동물 농장

(3) 형식

노래에 반복적인 리듬과 선율, 반복되는 단어가 있는 노랫말, 주고받는 에코 형식의 노래echo song를 좋아한다.

예 리 자로 끝나는 말, 산토끼, 여우야 여우야, 우리 집에 왜 왔니, 옹달샘

(4) 의성어, 의태어, 노랫말을 바꾸어 부를 수 있는 노래

노래에 의성어나 의태어가 들어 있는 노랫말을 좋아하며, 노랫말을 바꾸어 부르는 활동을 즐긴다.

예 봄을 부른다, 기차 놀이, 도토리 하나, 돌다리, 허수아비 아저씨, 봄비, 바둑이 방울, 이발사 아저씨

활동 6-1 | 동요 '가을바람'

[활동 6-1]의 '가을바람' 동요는 더운 여름이 지나고 선선한 가을에 '살랑살랑' 불어오는 가을바람에 대해 노래한다. 가을바람에 날리는 단풍잎과 은행잎이 '뱅글뱅글' 날아가는 모습이 표현된다. '살랑살랑'과 '뱅글뱅글'은 의태어이다. '살랑살랑'은 바람의 세기에 따른 바람결을 생생하게 느껴 보고 표현할 수 있는 노랫말이다. 유아 자신이 느낀 바람의 세기나 풍향에 따라 다른 노랫말로 바꾸어 부를 수 있게 한다. '뱅글뱅글'은 바람에 날리는 나뭇잎이 도는 모습을 표현한 의태어로서 다양한 모습으로 날리는 나뭇잎의 모습을 관찰하고 다른 노랫말로 바꾸어 노래 부를 수

있으며, 신체 활동과 그림, 시와 문학 등의 표상 활동으로 심화·확장할 수 있다.

(5) 묻고 답하는 노래

노래 안에서 묻고 답하는 노래를 좋아한다. 짝을 짓거나 팀을 나누어서 한 편은 묻고, 다른 편은 답하도록 한다.

활동 6-2

[활동 6-2-1] 동요 '산토끼'

숲속에서 깡충깡충 뛰어가는 산토끼의 모습을 묘사하며 산토끼한테 '어디 가니?' 묻는 노래이다.

① 경쾌한 리듬감을 살려서 노래 부르고, 산토끼가 되어 뛰어 보도록 한 뒤, 산토끼가 되어 생각하고 질문에 답하며 이어서 노래 부르도록 유도할 수 있다.
② 느린 박자와 여린 힘으로 노래 부른다면 유아들의 대답은 달라질 수 있다. 나이가 많은 할아버지 산토끼와 할머니 산토끼, 아파서 힘이 없는 산토끼 등 다양한 생각을 유도할 수 있다.

[활동 6-2-2] 동요 '산토끼야'

묻고 답하는 전형적인 노래이다. 토끼한테 '겨울이 되면 무얼 먹고 사느냐, 흰 눈이 내리면 무얼 먹고 사느냐?'라고 묻자, 토끼는 '겨울이 되어도 걱정이 없단다. 엄마가 아빠가 여름 동안 모아 놓은 맛있는 먹이가 얼마든지 있단다.'라고 답하는 내용의 노랫말이다. 유아들은 묻고 답하는 동요를 즐거워한다. 이 동요의 노랫말을 암기하듯이 정해진 노랫말을 부르고 배울 수 있으나, 다음과 같은 활동으로 구성될 수 있다.

① 본 동요의 1절 노랫말을 이야기식으로 말하고 묻는다.
② 어떤 답을 하면 좋을지 생각해 본 뒤 다양한 의견을 나눈다.

③ "노래 속에서 토끼가 뭐라고 답했는지 들어 봐."라고 말한 뒤, 2절을 이어서 들려준다.

④ 원곡의 노랫말과 정서를 이해하고 익숙해질 정도로 부른 후 노랫말을 개사해 본다.

⑤ 유아들이 표현한 생각과 노래를 동영상으로 촬영하여 유아들이 감상한다.

산토끼야

강소천 작사
권길상 작곡

(6) 전래동요

리듬은 선율이 없어도 그 자체가 음악이 될 수 있다. 때로는 더 훌륭한 음악이 되기도 한다. 이렇게 리듬이 중심이 되는 음악을 우리는 오래된 구전음악, 동양이나 아프리카의 전통음악에서 찾아볼 수 있다.

국악도 구전음악이 많이 남아 있다. 사실 음악은 하나의 음을 낸다 해도 그 안에 동시에 여러 가지 색채가 있고 음들의 뉘앙스도 미묘하기 때문에 악보로 적기도 어렵다. 우리나라의 전통음악도 선율이 어떤 한 음이 아니라 음과 음의 사이를 오가는 과정을 더 중요하게 여기는데, 그런 것은 정확히 적을 방법이 없다. 다만, 들고 머리로 외워서 익히는 것이다. 그런 의미에서 구전은 악보만큼이나 중요한 음악의 전달 방법이라 할 수 있다.

서양 음악에서는 그레고리오 성가를 사용한 이후 음악을 기보하고 기보된 악보를 연구하는 문화가 발달하기 시작하면서 구전음악의 전통이 점차 사라졌다. 그러나 서양을 제외한 다른 지역에서는 아직도 구전음악의 전통을 유지하고 있다.

(7) 손유희

영유아는 노래를 부르며 노랫말의 내용을 신체로 표상하길 즐거워한다. 신체 부분 중에서도 손으로 표상하는 손유희 활동은 앉아서 어머니 또는 교사와 마주 본 자세에서 표현하기에 적절한 활동이다.

영아기 손유희 활동은 모방을 즐거워하는 영아의 발달 특징에 따라 '아침 바람', '숲속 작은 집', '나비야' 등 노래를 부르며 성인이 보여 주는 손유희 동작을 모방하는 데 중점을 둔다.

유아기가 되면 점차 새, 토끼, 독수리, 달팽이 등 동물의 형상이나 프로펠러의 움직임, 그네, 시소, 시계추의 움직임 등 도구나 기계의 움직임에 관심을 갖고 손으로 표상하게 되면서 손동작으로 표현하는 그림자 놀이에 많은 흥미를 보인다.

동시나 노랫말에 따라 손유희를 만들어 보도록 할 수 있다. 예를 들어, '나는 작은 주전자', '눈', '아기 별' 등 동요를 불러 보고 손유희를 만들어 보면서 노랫말에 대해 더 깊이 이해하도록 이끌 수 있다.

나는 작은 주전자

외국곡

아기 별

윤태웅 작사
김성도 작곡

(8) singing game: 게임 활동과 연계하는 노래

유아는 예로부터 노래 부르며 놀이하는 과정에서 나름의 놀이 규칙을 만들어 게임 형태로 활동하는 것을 즐거워하였다. '동대문을 열어라', '여우야 여우야', '무궁화꽃이 피었습니다', '우리 집에 왜 왔니', '작은 흰 쥐' 등 활동은 놀이하는 과정에서 놀이의 규칙을 변경하며 새로운 구성을 더해 감으로써 놀이의 흥미와 재미를 증진시킬 수 있는 singing game이다.

2) 교수 방법

노래에는 음과 가사가 있다. 기보법이 발달하고 음악이 점점 복잡해지면서 가사와 음악은 점점 밀접한 관계를 맺기 시작했다. 오페라의 경우 스토리를 말해 주는 가사의 역할이 음악보다 더 중요한 비중을 차지하는 것처럼 인식되기도 한다. 하지만 때로 원작인 이야기는 그리 유명하지 않은데, 오페라로 만들어지면서 가치가 재평가되고 널리 알려진 작품도 있다.

오페라 아리아나 가곡을 들을 때 외국어 가사 내용을 알아들을 수 없어도 감동을 받는다. 발레 음악도 마찬가지로 차이콥스키Tchaikovsky, 1840~1893의 '호두까기 인형'이나 '백조의 호수' 음악을 들으면 아름답다고 생각한다. 그것 역시 음악이 가진 순수한 사운드의 힘인 것이다. 종합 예술을 감상할 때, 분명히 음악 자체가 갖는 순수한 음향pure sound을 파악하는 노력도 필요한 것이다(이종영, 2013).

음악과 언어, 음악 안에서 음과 가사에 대한 문제는 오랫동안 학자와 음악가 사이에 논란이 되어온 문제이다. 영유아에게 '산토끼' 동요를 지도하는 경우 노랫말을 먼저 소개하기도 하지만, 산토끼가 뛰는 모습을 묘사한 선율과 리듬을 먼저 소개하고 곡 전체를 감상한 뒤, 노랫말을 붙여 노래를 들려주는 등 교수 목표에 따라 실천되는 지도 방법은 다양하다.

다음에 소개되는 교수 방법은 유아교육 현장에서 노래를 배우기 위한 목적으로 제시되는 일반적인 방법이다.

(1) 새 노래 지도 방법

영유아에게 새 노래를 지도하는 방법에는 전체노래방법whole song method, 부분노래방법phrase to phrase method, 결합노래방법combination whole song-phrase to phrase method이 있다(김혜경, 1996; Eliason & Jenkins, 2003).

새 노래를 지도하기 일주일 전부터 자유선택 활동, 간식, 실외놀이, 작업 활동 시에 새로 배울 노래를 들려줌으로써 노래에 친근감을 갖고 익숙해지도록 한다.

1 전체노래방법

- 곡 전체의 분위기를 느낄 수 있도록 노래 한 곡의 전체를 들려준다.
- 노래를 들은 느낌이 어떤지, 어떤 부분이 재미있는지 등에 대하여 이야기 나눈다.
- 선율을 들려준다. 노랫말을 들려주지 않고 선율만 들려주는 것은 곡 전체에 대한 이해를 돕기 위함이다.
- 선율을 들으며 허밍한다. 허밍을 '루'나 '우' 발음으로 노래 부르면 발성에 도움이 되며, 때로는 유아가 원하는 소리로 노래 부를 수 있다.
- 유아들이 부르는 부분을 점차 늘리며 노래 부르도록 한다. 교사와 유아가 2~3회에 걸쳐 한 곡 내에서 서로 다른 소절을 바꾸어 노래 부른다. 이때 곡 안에서 비교적 쉬운 부분을 유아가 부르도록 하는 것이 좋다. 교사는 유아가 박자에 맞춰서 노랫말을 이어 부를 수 있도록 제 박자보다 앞서서 노랫말을 지원해 주도록 한다.
- 노래 지도를 마무리하면서 "앞으로 계속 부르게 되면 누구나 다 잘 부를 수 있게 된다."라고 격려를 해 준다.

2 부분노래방법

부분노래방법은 한 소절씩 따라 부르도록 지도하는 방법으로 과거에 많이 사용하였다. 곡 전체의 흐름이나 곡 특성 이해에 방해가 된다는 문제점이 지적됨에 따라 유아들이 노래하기 어려운 음이나 리듬, 박자 등을 특별히 지도할 필요가 있을 때만 제한적으로 사용하는 방법이다.

3 결합노래방법

전체노래방법과 부분노래방법을 함께 사용하여 노래를 지도하는 방법이다. 전체노래방법으로 노래를 지도하면서 필요한 경우에 한하여 제한적으로 부분노래방법을 사용하게 된다.

(2) 노래 부르기 교수 원리

- 노래를 부르기 전에 먼저 양질의 음악을 가능한 한 많이 듣는 경험을 갖는다.
- 곡의 리듬이나 박자, 선율 등 음악적 요소를 강조하고자 할 때는 노랫말 없는 곡을 먼저 듣고 음악적 요소를 이해한다.
- 노랫말은 곡의 음악적 구성과 관련지어 이해할 때 깊은 이해와 의미 있는 음악 활동이 가능해진다.
- 원곡에 대한 충분한 이해가 이루어진 후 노랫말 바꾸어 부르기, 리듬이나 선율 바꾸어 부르기 등 재조직 · 재구성 활동이 가능해질 수 있다.
- 큰 소리로 노래 부르기, 영유아의 음역대를 벗어나는 노래 부르기 등을 강요하는 지도법은 영유아의 발성에 무리를 줄 수 있다.
- 가능한 한 영유아에게 적절한 음역대의 노래를 부르게 하고, 그 음역대를 벗어나는 부분은 교사가 불러 주면서 유아와 이어 부를 수 있다.
- 노래 부르기에서 노랫말만 강조하는 일률적인 지도 방법은 지양하며, 곡의 정서를 이해하며 노래 부르도록 안내한다.
- 박자, 리듬, 화음, 선율계이름으로 노래하기, 셈여림, 빠르기 등의 음악적 요소를 이

해하며 노래 부르도록 돕고, 때로는 다양한 음악적 요소를 포함하여 다양한 변화를 모색해 보는 활동을 시도한다.

- 노랫말 지도를 위하여 글씨 위주의 노랫말판을 사용하는 경우 유아의 관심이 글씨 읽기에 집중될 수 있다. 곡의 정서적 분위기와 미학적 특성을 놓치게 될 수 있으므로 가능한 한 음악의 의미를 살려서 이해할 수 있도록 돕는 다양한 방법을 사용한다.
- 영유아를 대상으로 하는 음악내용을 한정하지 않고 새롭고 다양한 교수 방법을 연구할 때 풍부한 음악 경험이 가능해진다는 사실을 인식한다.
- 영유아의 음악 활동을 개별적으로 관찰하고, 구체적으로 격려하는 교사의 역할이 매일의 경험으로 제공될 때 영유아의 잠재 능력이 실제 능력 이상으로 발현될 수 있다.

(3) 활동

새 노래를 지도하는 다양한 방법은 다음의 활동을 통하여 살펴보도록 한다.

- [활동 6-3]의 활동계획안은 앞에서 설명한 '새 노래 지도 방법'에 따른 활동계획안이다.
- [활동 6-4]의 활동 내용은 유아가 일상에서 자연스럽게 노래하도록 이끌어 주고 있다.
- [활동 6-5]의 활동계획안은 곡의 작곡·작사 배경을 알아보고 노래의 리듬, 박자, 선율을 느끼고 노래하도록 안내하는 활동 계획이다.

1 활동계획안: 새 노래 지도

활동 6-3 새 노래 지도 활동계획안

이름	김OO	학번	20170000	대상	만 5세
생활 주제	봄, 여름, 가을, 겨울	주제	겨울이 왔어요	활동명	음악 활동 : 하얀 나라
활동 목표	• 겨울이 되어 달라진 날씨의 변화를 안다. • 눈이 오는 풍경을 생각하며 즐겁게 노래 부를 수 있다. • 자신의 생각으로 노랫말을 바꾸어 노래 부르며 즐겁게 활동한다.				
교육과정 관련 요소	• 예술경험 〉 예술적 표현하기 〉 음악으로 표현하기 • 자연탐구 〉 과학적 탐구하기 〉 자연 현상 알아보기 • 의사소통 〉 말하기 〉 느낌, 생각, 경험 말하기				
준비물	• 눈 오는 풍경 사진, 겨울놀이 그림 카드, 녹음기				

활동 과정	활동 방법	자료(☞)
도입	① 유치원에 올 때 날씨에 대해 이야기 나눈다. ② 준비한 사진(눈 오는 풍경)을 보면서, 눈 오는 날에 하고 싶은 겨울 놀이에 대해 이야기 나눈다. – 겨울 날씨에 대하여 이야기해 보자. – 눈이 오면 어떤 나라가 될까? – 눈이 오는 날 어떤 놀이를 하고 싶니? ③ 준비한 손인형을 소개하고, 오늘 활동에 대해 소개한다. – 친구들 안녕! 난 겨울이야. 만나서 반가워. 친구들과 신나는 꿈 이야기를 들려주려고 왔단다. 어떤 꿈을 꾸었을까? 궁금하지? 노래로 들려줄게. 잘 들어 보렴. 하얀 나라 김성균 작사 · 작곡 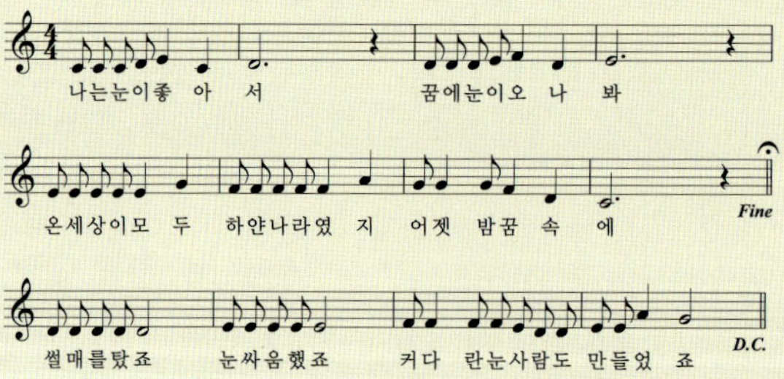	☞ 눈 오는 풍경 사진 ☞ 손인형

활동 과정	활동 방법	자료(☞)
전개	① 노래를 들려주고, 내용에 대해 이야기 나눈다. – 이 노래의 제목은 무엇일까? 왜 그렇게 생각했니? – '하얀 나라' 노래를 들으니 기분이 어땠니? – '하얀 나라'에서 친구가 어떤 놀이를 했니? ② 활동에 대해 소개한다. – 눈이 오는 '하얀 나라'를 생각하며 친구들과 함께 즐겁게 노래 불러 보자. ③ 한 가지 소리로 부르면서 선율을 익힌다. – '라' 소리로 함께 불러 보자. – 또 어떤 소리로 부르고 싶니? ④ 교사와 유아가 나누어서 불러 본다. – 이번에는 노래를 나누어 불러 보자. – 앞 부분인 '나는 눈이 좋아서 어젯밤 꿈속에'는 선생님이, 겨울 놀이가 나오는 부분은 친구들이 불러 보고, 한 번 더 반복하는 부분인 '나는 눈이 좋아서 어젯밤 꿈속에'는 다 같이 불러 볼까? ⑤ 유아들의 생각으로 여러 가지 방법으로 나누어 불러 본다. ⑥ 다 함께 노래 부른다. ⑦ 하얀 나라가 되면 또 어떤 놀이를 할 수 있을까? – 우리가 그린 겨울 놀이 그림 카드로 노랫말을 바꾸어 보자. – '썰매를 탔죠' 대신 어떤 노랫말로 바꾸면 좋을까? – 친구들이 바꾼 노랫말로 다 함께 손뼉을 치며 노래 불러 볼까?	☞ 겨울 놀이 그림 카드
마무리	① 활동에 대한 느낌에 이야기 나눈다. – '하얀 나라' 노래를 불러 보니 느낌이 어땠니? – '하얀 나라' 노래 부를 때 어떤 부분이 가장 재미있었니? – 내일 눈이 펄펄 내린대. 밖에 나가서 놀 때 우리가 지금 부른 노래를 틀어 줄게. 친구들과 함께 '하얀 나라' 노래를 부르면서 놀면 훨씬 더 재미있는 놀이들이 떠오르니? 어떤 놀이가 떠오를까?	

2 활동 내용: 나비야

동요 '나비야'는 가벼운 날개를 흔들며 미끄러지듯 너울너울 날아가는 나비의 나는 모습을 회화적으로 잘 나타내고 있는 곡이다. 2/4박자의 곡으로 '강, 약'의 리듬으로 부드러운 선율을 살려서 노래 부르도록 한다. 노래 부르며 자신이 다양하게 해석한 곡의 선율에 따라 춤을 출 수 있다.

활동 6-4 | 통합 활동 '나비야'

① 교사가 연주하는 '나비야' 피아노 연주(느린 속도, 부드러운 선율)를 듣는다.
② 유아 자신의 생각, 느낌을 말해 보도록 한다.
③ 자신이 생각한 나비의 모습을 떠올리며 노래 부르고 그림 그린다.
④ 자신이 하고 싶은 이야기를 글로 써 보거나 나비에게 편지를 쓴다.

- 나비가 엄청 높게 높게 하늘을 나는 느낌이야.
- 살짝 졸린 느낌, 엄마 품 같은 편안함.
- 나비 날개가 참 부드러운 거 같아.
- 네가 내 얼굴에 앉으면 간지러울 거 같아.
- 나비가 혼자 날아서 외롭겠다는 생각이 들어. 불쌍해.
- 편안해.
- 조금씩 바람이 불었고 엄마, 아빠와 함께 한강에 돗자리 펴고 누워 있을 때, 그때 하늘을 나는 나비가 있었어. 그때 그 흰나비가 생각났어.

3 활동계획안: 산토끼

동요 '산토끼'는 깡충깡충 뛰는 산토끼의 리듬이 특징적으로 작곡된 곡으로 우리나라 남녀노소 모두 즐겨 부르는 동요이다. 2/4박자의 '강, 약' 리듬을 살려서 노래 부르면 더욱 생동감이 전해진다.

활동 6-5 | 통합 활동 '산토끼'

① 교사가 불러 주는 '산토끼' 동요를 듣고 유아 자신이 상상한 산토끼 모습, 특징, 배경 상황에 대한 생각을 나누도록 한다.

② 산토끼가 뛰는 모습을 관찰한 뒤 산토끼가 되어 뛰어 본다.

- 산토끼 생김새의 특징을 알아보고, 산토끼 노래를 부른다.
- 특히 '깡충깡충' 부분의 리듬에 관심 갖고, 리듬 특징에 대하여 산토끼의 생김새와 관련지어 본다.

③ 산토끼한테 묻는 노랫말에 답하는 형식의 극화 활동으로 확장한다.

④ 느린 박자의 산토끼 곡과 빠른 박자의 산토끼 곡을 듣고 비교한다.

- 느린 박자
  - 산토끼가 깡충깡충 뛰는 느낌, 털의 포근함, 꼬리, 몸집, 얼굴
  - 풍경: 새소리, 조용한 숲속, 멀리 가 버린 토끼
- 빠른 박자
  - 음악 빨라지면서 토끼가 깡충깡충 뛰는 움직임의 생동감
  - 신난 토끼, 숲속 여기저기 뛰어다니는 경쾌한 모습

이일래의 '산토끼' 작곡 · 작사 동기

이일래
(1903~1979)

1938년 『조선동요작곡집』에 수록된 '산토끼'는 건국 이래 전 국민의 사랑을 가장 많이 받은 노래이다. 이일래가 1927년 연희전문학교를 중퇴 후 창녕의 이방초등학교에 재직하면서 지은 노래로, 일제강점기에 우리나라 어린이의 희망과 꿈을 키워 주고자 만들었다. 산토끼가 자유롭게 뛰는 모습을 보고, 우리나라 어린이들도 토끼처럼 자유롭게 뛰어다니며 놀고 자라면 좋겠다는 마음을 담았다.

1978년에 제자들이 힘을 모아 창녕군 이방초등학교에 산토끼 노래비를 건립했으며, 이 자리에서 이일래는 "산토끼 작사 · 작곡자는 내가 아니라 1928년도의 우리 민족이었다."라고 하였다고 한다. 작곡 · 작사 미상으로 초등학교 교과서에 실렸던 이 노래의 작사 · 작곡자가 밝혀진 것은 이일래 『조선동요작곡집』이 발견된 1975년이다.

출처: 창녕군청 홈페이지, 재구성.

⑤ '산토끼' 동요 프로젝트 활동 사례

- 1회기 활동: 동요 '산토끼' 들어 보기/깡충깡충 뛰어 보기
  - 산토끼 관찰하기(울타리 안 vs 바깥)
  - 산토끼에 대한 이야기 나누기
  - (활동 전) 산토끼 그림 그리기
- 2회기 활동: 작곡가 소개
  - 작곡가 소개와 동요에 담긴 작곡가의 마음 이해하기
  - 작곡가의 다른 정서의 노래 비교하기
  - (활동 후) 산토끼 그림 그리기
- 3회기 활동: 그림 비교하기
  - 산토끼 활동 전의 그림과 활동 후의 그림을 비교하고 달라진 생각 나누기

⑥ 유의점

- 분명하고 구체적인 목표 세운다.
  - 산토끼 동요를 만든 작곡가 선생님의 마음과 노랫말을 이해한다.
  - '깡충깡충' 리듬을 이해하고 뛰어 본다.
- 어려운 단어
  - 일제 강점기 → 융판에 단어 카드 만들어 설명하기

- 가치를 규정하는 단어
  - 재미있는, 잘, 참 예쁜 등 → 사용을 가능한 한 피하기

- 이 노래의 의태어 '깡충깡충'에서 몸을 움직일 때 동작 활동의 핵심은 '귀'보다는 '발'과 '다리' 등의 움직임이다.
- 2회기 활동에서 작곡가를 소개할 때 사진을 먼저 보여 주기보다는 책을 통해 정보를 얻는 방식으로 내용을 구성한 후 사진을 제시한다.
- 2회기 활동의 상호작용 사례
  - 이일래 선생님은 어떤 이유에서 우리나라 아이들이 토끼처럼 자유로워지길 원하셨을까?
  - 그래. 그런데 이일래 선생님이 살던 때는 힘이 센 이웃 나라 일본이 힘이 약한 우리나라를 괴롭혔어.
  - 지금 우리 친구들처럼 마음껏 놀지도 못하고 우리말도 자유롭게 쓸 수 없었어.
  - 이때 이일래 선생님은 어떤 마음이 드셨을까?
  - 친구들이 말한 것처럼 이일래 선생님은 우리 어린이들을 보시며 마음이 아주 아프셨대. 그래서 우리 친구들도 자유롭게 뛰어놀면서 잘 자라면 좋겠다는 마음을 노래에 담으신 거야.
  - 우리 어린이들이 자유로워지기를 원하는 마음을 산토끼 노래에 담은 것처럼 모든 동요에는 작곡가, 작사가 선생님의 마음이 담겨 있는 거란다.
  - 이번에는 작곡가 선생님의 마음을 생각하면서 다시 한번 불러 보자.
  - 선생님이 들려주는 동요를 듣고, 작곡·작사하신 선생님의 마음을 다시 한번 떠올려 보자.
  - 이번에는 다 같이 '산토끼' 동요를 부르면서 산토끼가 되어 뛰어 볼까?

7

악기 탐색하기와 악기 연주하기

세상에 존재하여
소리를 내는
모든 대상은 악기이다.
악기놀이를 통한 탐구 및 발견의 과정은
창의 · 융합 발달을 도모한다.

인간이 살고 있는 세상에 소리가 존재하지 않는다면 얼마나 삭막할까? 인간은 소리를 들으면서 재미를 느끼고 즐거움을 향유하며 활동하는 힘을 얻게 된다. 특히 소리에 호기심을 느끼고, 마음껏 생각과 느낌을 표현하기를 즐거워하는 특성을 가진 영유아들은 소리 나는 물건, 즉 악기에 많은 흥미와 관심을 갖는다. 악기를 탐색하고 연주하면서 다양한 음색을 경험하며 스스로 만드는 소리와 리듬을 통해 즐거움을 느낀다.

청각적 변별력을 키워 주며 음색을 감상하고 발견하는 데 결정적인 도움을 주는 (안재신, 2004) 악기의 유래에 대하여 먼저 살펴보고, 악기 탐색하기와 악기 연주하기로 나누어 생각해 보도록 한다.

1 악기의 유래

인류는 생활 주변에서 쉽게 접할 수 있는 도구, 즉 돌, 금속, 가죽, 나무, 동물뼈 등 다양한 물체를 다루는 놀이를 즐겼으며, 각 문명은 재료 고유의 특성을 이용하여 다양한 악기로 발전시켜 왔다. 지구상에 존재하는 최초의 악기는 모두 자연물에서 수집된 것이며, 어떤 악기는 동물의 뼈로 만들어졌기에 3만 5천 년이 지났지만 운 좋게도 아직 남아 있기도 하고, 어떤 악기는 시베리아의 얼음 속에 보존되어 아직까지 남아 있다.

현재까지 발견된 유물에 따르면 인류가 최초로 만든 악기는 '피리'이다. 슬로베니아의 디브제 베이브 지역에서 발견된 피리는 약 5만 년 전에 만들어진 것으로 추정되며, 가장 오래된 악기이다. 어린 곰의 위쪽 허벅지 뼈에 4개의 구멍을 뚫어 만든 피리로 음의 높낮이를 표현할 수 있다.

동물의 뼈를 불어서 소리를 내는 것이 시작이었던 관악기도 처음에는 그저 불기만 하다가, 뼈에 구멍을 내서 불면 다른 소리가 난다는 것을 발견했다. 폴리네시아 지역 사람들은 이 지역에 자생하는 큰 나무에 일부러 흠집을 내어 벌레가 먹게 한 후, 그 자리에 구멍이 생기게 해 자연스럽게 큰 악기가 되도록 하였다. 일반적으로 악기가 크면 낮고 깊은 소리가 나고, 작으면 높은 소리가 난다. 또한, 악기가 길면 낮은 소리가 나고, 짧으면 높은 소리가 난다. 바이올린 또한 사람들이 사냥할 때 쓰는 활에서 유래되었다. 우연히 활에 있는 줄을 튕길 때 소리가 난다는 것을 발견했고, 여기서 바이올린이 탄생한 것이다(박선영, 2008).

원시시대 악기의 역할은 종교나 주술에 사용되었다. 초자연적이며 영적인 대상과 교감을 나누면서 환자를 치유하였고, 씨족이나 사회계층을 결속시켜 주며 정치적 지위를 확고하게 하는 사회 통합을 위한 의미가 있었다. 또한, 힘든 육체노동, 특히 농사 같은 집단노동을 할 경우 음악을 통하여 노동을 즐거움으로 전환시키는 데 이용되었고, 아프리카의 밀림 지역에서는 타악기talking drum, dundun를 이용하여 먼 지역까지 의사소통을 하는 데 사용되기도 하였다(김경선, 2013).

영유아의 악기 활동은 다양하게 접근될 수 있다. 악기의 이름을 알려 주고 정해진 연수 방법대로 박사에 맞춰 연주하는 틀에 박힌 교수학습 방법보다는 스스로 보고, 만지고, 소리 내고, 듣고, 또 다른 소리를 만드는 영유아 특유의 놀라운 잠재력이 발현될 수 있도록 허용한다. 또한, 리듬에 대한 경험, 신체 욕구 충족, 유아 자신의 느낌이나 정서, 심정을 악기라는 매체를 통하여 표현할 수 있는 가치 있는 활동(이지연, 2013)이 될 수 있도록 도와야 한다. 악기놀이를 통한 탐구 및 발견의 과정은 창의·융합 발달을 도모하게 될 것이다.

따라서 악기 활동은 악기 탐색하기와 악기 연주하기의 두 영역을 통합하여 경험되는 것이 바람직하며, 악기 만들기 활동은 소리 탐구 및 발견의 과정 내에서 자연스럽게 연계될 수 있도록 지원함이 적절하다.

2 악기 탐색하기

악기는 여러 가지 재미있는 소리를 만들고 들려주는 도구라는 점에서 소리를 주의 깊게 들을 수 있는 활동을 우선적으로 강조할 필요가 있다. 그렇다면, 영유아들이 주의 깊게 소리를 듣도록 돕는 방법에는 무엇이 있을까?

첫째, 악기 활동은 '소리 탐색'에서 시작해야 한다. 영유아에게는 흥미와 관심을 자극하면서 청지각력을 발달시킬 수 있는 체계적인 탐색이 일어나도록 안내한다. 악기 만져 보기, 악기를 만지며 소리 창출하기, 악기의 구조, 악기를 연주하는 방법에 따라 만들어지는 다양한 소리를 듣고 즐기는 활동이 먼저 이루어져야 한다. 후속 활동으로 악기가 내는 소리를 들어 본 적이 있는지, 악기를 본 적이 있는지, 악기를 어디서 보았는지, 악기의 이름이 무엇인지 등 악기 탐색을 촉진할 수 있는 방법에 대하여 상호작용함이 적절하다.

둘째, 만 2세 미만 영아기에는 다양한 사물을 조작하면서 소리를 만들고 듣는 탐색이 격려될 수 있으나, 점차 연령이 증가하면 소리가 발생되는 사물의 특성과 사물의 진동 등과 같은 현상에 관심 갖도록 안내해야 한다.

셋째, 만 5세 유아의 경우, 소리의 발생과 전달에서 시각적 단서와 청각적 단서가 통합된 경우에 유아의 과학적 개념이 더욱 잘 형성되고 있음(김은정 · 신은수, 2013)이 보고되므로 유아가 소리를 들으면서 눈으로 보고 만져 보게 한다.

넷째, 악기 소리를 들을 때 만지고 보면서 소리를 듣는 방법과 블라인드 처리된 상태에서 소리만을 듣도록 하는 방법이 있다. 악기를 보거나 만지지 않고 소리를 듣게 될 때 청각에만 의존하게 됨으로써 더욱더 소리에 집중할 수 있다.

다섯째, 소리를 들으면서 자신이 들었던 소리와 유사한 소리를 모아 본다. 유사한 소리를 내는 물체의 물리적 속성을 발견하면서 악기의 재료에 따른 소리의 특성을 발견할 수 있다. 이러한 활동은 물체의 물리적 속성에 대한 과학적 개념을 이끈다.

여섯째, 동일한 악기 안에서 다양한 소리를 만드는 방법을 찾는다. 악기를 연주하는 위치, 두드리는 채mallet의 종류 등에 따라 다른 소리가 만들어질 수 있음을 발견하고 연주해 본다.

영유아의 생활 주변의 다양한 자료는 소리를 탐색하고 즐기기에 최적의 경험을 제공한다. 잡고, 흔들고, 치고, 문지르고, 부딪치고, 떨어뜨리는 등 시도하는 방법에 따라 귀에 들리는 소리는 매우 다양하여 그 수를 세기 어려울 것이다. 소리 활동에서 나타나는 영유아의 요구 및 반응에 따라 이에 상응하는 교사의 역할을 살펴보면 다음과 같다.

〈표 7-1〉 **영유아의 요구 및 반응에 대한 교사의 역할**

단계	영유아의 요구 및 반응	교사의 역할
1단계	감상과 탐색	다양한 재질, 크기, 종류의 자료 제공
2단계	소리의 차이 인식	소리 특징을 악기 재료와 구조의 이해와 함께 인식하도록 유도
3단계	소리의 아름다움 감상	자신이 느낀 소리의 아름다움을 다양한 방법으로 표상하도록 안내
4단계	음악 감상+악기 연주하기	음악을 들으며 악기 연주하도록 촉진
5단계	음악 감상+연주+음악 재구성	음악 감상, 악기 연주, 음악 재구성 시(반복, 잠깐 쉬기, 효과음 넣기 등 재조직 시) 적절히 발문
6단계	창의·융합적인 음악 활동	음악 감상, 신체표현, 악기 연주, 노래 부르기, 대사, 무대 배경 구성, 지휘자 활동, 녹음 및 조명 배치 등 총체적인 활동을 촉진

악기 탐색 및 연주 시 교사의 역할을 구체적으로 제시하면 다음과 같다.

첫째, 영유아는 소리를 탐색하며 소리를 듣고 즐기는 것이므로 충분히 다양한 자료를 제공한다.

둘째, 영유아가 탐색하고 즐기는 활동에 교사도 적극적인 태도로 참여한다.

셋째, 영유아가 행하는 활동에서 문제나 어려움이 발생될 때 교사는 함께 협력하여 해결을 도울 수 있는 유능한 또래의 역할을 담당한다.

넷째, 영유아의 발달적 특성에 적합한 활동 격려와 지지로 영유아가 활동에 몰입할 수 있도록 돕는다.

다섯째, 친구들과의 관계 속에서 협력하여 탐색, 발견, 문제해결하는 활동이 되도록 지원한다.

여섯째, 유아의 생활 세계 내에서 통합적인 음악 활동이 되도록 하며, 더 나아가서 창의적이고 융합적인 놀이가 지속적으로 유지되도록 늘 관심을 갖고 이끈다.

일곱째, 유아의 독특한 생각이 발현되고 자연스럽게 표출되도록 자율적인 분위기를 조성한다.

여덟째, 전문 연주자의 연주 모습을 감상함으로써 연주법에 따른 다양한 소리에 관심 갖게 한다.

3 악기 연주하기

영유아들은 정해진 연주 방법으로 단순히 음악을 연주하기보다는 만지고 소리 내며 감상하는 자체에 매력을 느끼며 즐거워한다.

악기 연주는 다음과 같은 여러 가지 능력을 신장시킬 수 있다(이숙희, 2010).

첫째, 리듬감을 익힌다.

둘째, 가락의 흐름을 이해한다.

셋째, 악구phrase의 특징을 이해하고 연주한다.

넷째, 화음에 대한 관심을 높인다.

다섯째, 연주를 듣는 것으로 음감을 기른다.

여섯째, 음색을 구분하는 능력을 기른다.

일곱째, 협력적인 태도를 높인다.

1) 악기의 분류와 종류

악기는 음의 높낮이와 화음 등을 낼 수 있는지에 따라 리듬악기, 선율악기, 하모니 악기로 분류한다. 또한, 두드리거나 채로 치거나 부딪쳐서 소리 내는 방법을 강조하는 타악기는 무선율 타악기와 선율 타악기로 구분하기도 한다〈표 7-2〉.

(1) 리듬악기

리듬악기는 음의 높낮이 없이 악센트와 다양한 음색을 산출하는 악기이다. 연주 방법이 쉽고 다양하며 리듬을 학습하기에 적절하므로 영유아기에는 선율악기, 하모니 악기보다는 리듬악기를 우선적으로 경험하고 연주하는 것이 적절하다.

누리과정에서는 4세부터 리듬악기로 연주하기가 제시되어 있으나, 영유아의 신체 발달과 인지 발달 수준에 따라 좀 더 이른 시기부터 다양한 경험을 하도록 돕는다.

손과 채를 이용하여 연주하는 리듬악기는 타악기로도 사용할 수 있다. 타악기는 음의 높낮이가 있는 것과 음의 높낮이가 없는 것으로 나눌 수 있다. 다만, 타악기도 악기를 치는 위치와 연주 방법에 따라 다른 소리가 날 수 있는 점에 유의하여 연주한다. 채를 이용하여 악기 연주를 할 때 더욱 좋은 소리를 듣기 위하여 손목에 힘을 빼고 연주하는 방법을 안내하도록 한다. 기술이 부족하여 힘들어하는 유아들의 손을 마주 잡고 연주해 봄으로써 좋은 소리를 낼 수 있도록 격려한다.

예 음의 높낮이가 있는 타악기: 미림바, 팀파니 등
음의 높낮이가 없는 타악기: 드럼, 심벌즈, 꽹과리, 징 등

(2) 선율악기

선율악기는 각 음이나 선율을 연주하기 위해 일정한 음의 높낮이를 내는 악기이다. 선율악기는 음의 높낮이에 대한 개념 발달을 돕는 데 도움을 준다. 대표적인 선율악기로는 피아노, 목금과 철금, 하모니카, 멜로디언 등이 있다.

(3) 하모니 악기

하모니 악기는 여러 개의 음을 동시에 내어 선율을 반주하고 화음을 내는 악기이다. 피아노, 우쿨렐레, 기타, 오토하프 등이 있다.

(4) 타악기

타악기는 말 그대로 두드려서 소리를 내는 악기이다. 손뼉이나 탁자를 두드리는 것도 타악의 일종이라고 할 수 있을 정도로 모든 악기 중에서 가장 먼저 생긴 악기군이다. 두드리거나 채로 치거나 서로 부딪쳐 소리 내는 모든 악기인 만큼 세계의 다양한 민속 악기까지 포함하면 그 종류는 상당히 많다.

〈표 7-2〉 악기의 분류

<table>
<tr><th>악기 종류</th><th>군별 종류</th><th colspan="2">세부 악기 종류</th></tr>
<tr><td rowspan="5">신체악기
(body instrument)</td><td>목소리(voice)</td><td colspan="2">혀와 입술을 이용한 다양한 무성음, 유성음</td></tr>
<tr><td rowspan="4">신체 타악기
(body percussion)</td><td colspan="2">손가락 튕기기(snapping)</td></tr>
<tr><td colspan="2">손뼉치기(clapping)</td></tr>
<tr><td colspan="2">무릎 치기(patschen)</td></tr>
<tr><td colspan="2">발 구르기(stamping)</td></tr>
<tr><td rowspan="5">무선율 타악기
(unpitched percussion)</td><td>금속 울림 타악기</td><td colspan="2">트라이앵글, 아고고벨, 핑거심벌, 윈드차임</td></tr>
<tr><td>나무 울림 타악기</td><td colspan="2">클라베스, 우드블록, 캐스터네츠, 귀로, 래칫</td></tr>
<tr><td>가죽 울림 타악기</td><td colspan="2">봉고, 탬버린, 콩가, 팀파니, 젬베</td></tr>
<tr><td>셰이커 및 방울</td><td colspan="2">마라카스, 에그셰이커, 슬레이벨, 징글스틱</td></tr>
<tr><td>효과음 악기</td><td colspan="2">레인스틱, 오션드럼, 썬더드럼</td></tr>
<tr><td rowspan="7">선율악기
(pitched instrument)</td><td rowspan="5">선율 타악기
(pitched percussion)</td><td rowspan="4">실로폰</td><td>소프라노 실로폰</td></tr>
<tr><td>알토 실로폰</td></tr>
<tr><td>베이스 실로폰</td></tr>
<tr><td>콘트라베이스 실로폰</td></tr>
<tr><td colspan="2">계단 실로폰, 핸드벨</td></tr>
<tr><td>관악기(wind instrument)</td><td colspan="2">리코더, 오카리나</td></tr>
<tr><td>기타</td><td colspan="2">멜로디언, 밤벨</td></tr>
<tr><td rowspan="2">현악기
(string instrument)</td><td>유아</td><td colspan="2">우쿨렐레</td></tr>
<tr><td>교사</td><td colspan="2">기타</td></tr>
</table>

출처: 권오선(2019).

〈표 7-3〉 악기의 종류

	악기명	악기 사진	악기 형태 및 연주법
1	씨앗마라카스, 세케레(Shekere)		둥근 모양의 박에 나무 열매를 엮은 그물을 씌워서 리듬에 맞춰 비비거나 흔들거나 뜯는 방법으로 연주함
2	탬버린 (tambourine)		나무 테에 한 쌍의 얇고 둥근 금속판인 징글(jingle)을 매달아 만든 악기로, 나무 테를 치거나 흔들거나 징글을 치는 방법으로 연주함
3	탬버린 (tambourine)		나무 테에 가죽을 씌우고 징글(jingle)을 매달아 만든 악기로, 가죽 면을 두드리거나 탬버린 전체를 흔들거나 징글을 치는 방법으로 연주함
4	손목방울, 슬레이벨 (sleigh bell)	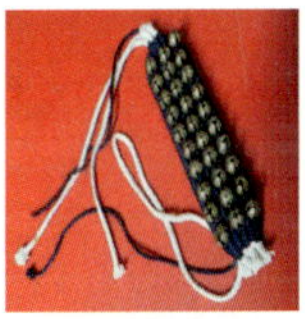	방울을 줄지어 엮어 만든 악기로 손목에 묶어서 흔들어 소리 내거나 악기를 잡은 반대편 손으로 탁탁 쳐서 연주함
5	트라이앵글 (triangles)		쇠막대기를 구부려서 세 변과 세 각의 형태로 만들어진 악기라 하여 트라이앵글(triangles)이라 부름. 쇠로 만든 채로 세 변과 세 각을 연주, 맑고 영롱한 음색이 매력적임
6	마라카스 (maracas)		열매 안에 씨앗이나 조개껍데기, 구슬, 돌을 넣어 흔들며 연주함. 양손에 두 개의 악기를 들고 연주함
7	주주(juju), 열매껍질 셰이커 (seed shell shakers)		열매를 말려서 또는 열매껍질을 엮어 만든 악기로 흔들면 맑은 음색이 특징임

	악기명	악기 사진	악기 형태 및 연주법
8	티톤블록 (T ton block)	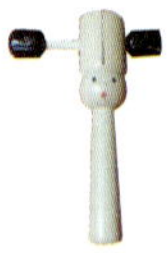	악기의 손잡이를 잡고 양옆으로 흔들면 나무 막대가 나무 몸통과 부딪치게 되면서 '틱톡' 소리를 내는 악기임. T자 모양으로 만든 악기로 티톤(T ton)블록이라 명명함
9	손목탬버린, 징글스틱 (jingle stick)		나무판에 쇠붙이를 부착하여 흔들거나 손바닥, 손목, 다리 등 신체 일부에 리드미컬하게 부딪치며 연주
10	윈드차임 (wind chime)		길이가 다른 쇠막대를 길이의 순서대로 매단 악기로 쇠막대나 손을 이용하여 한쪽 방향으로 긁어 연주함. 악기에서 바람 소리를 연상하게 되어 윈드차임이라 명명함
11	요구르트병 윈드차임	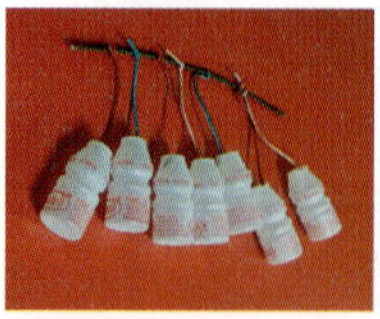	요구르트 병을 나뭇가지에 일정한 간격을 두고 매달아서 나뭇가지 양옆을 양손으로 잡고 양옆으로 흔들며 연주함
12	리듬스틱 (rhythm sticks), 클레이브스 (claves)		나무막대 두 개를 잡고 11자로 부딪치거나 한쪽 막대기로 다른 쪽 막대기를 치면서 연주함. 때로는 마룻바닥이나 공명통을 치면서 리듬 연주함
13	우드블록 (wood block)	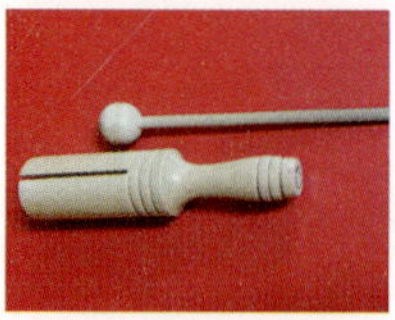	나무 재질로 만든 악기라 하여 우드블록이라 함. 원통형 나무 양옆에 홈을 내어 공명이 되도록 만든 악기로서 맑은 음색이 특징임
14	우드블록 (wood block), 톤블록 (tone block)		나무속을 긁어서 울림통을 만들고, 공명을 좋게 하기 위해 통에 홈을 내어 만든 악기임. 양쪽 울림통의 깊이와 두께가 다름으로 채로 두드렸을 때 다른 소리가 남

<table>
<tr><th></th><th>악기명</th><th>악기 사진</th><th>악기 형태 및 연주법</th></tr>
<tr><td>15</td><td>투톤블록
(two tone block)</td><td></td><td>크기와 두께가 다른 우드블록을 채로 두드리면 두 가지 톤의 다른 소리가 나는 것이 매력적임. 홈으로 파인 바깥 부분을 긁으며 연주할 수도 있음</td></tr>
<tr><td>16</td><td>비브라슬랩
(vivra slap)</td><td></td><td>쇠막대와 나무의 떨림을 이용하여 손잡이로 몸통을 치며 연주함(울림통 안에 작은 쇠막대들이 연결되어 있음)</td></tr>
<tr><td>17</td><td>스터링드럼
(stirring drum),
멀티톤블록
(multi-tone block)</td><td></td><td rowspan="2">다른 길이의 나무 조각을 둥근 모양으로 붙여 만든 악기로 채로 통의 안쪽 면을 돌리며 연주하거나 또는 바깥 면을 두드리며 연주함</td></tr>
<tr><td>18</td><td>스터링드럼
(손잡이)</td><td></td></tr>
<tr><td>19</td><td>심벌즈
(cymbals)</td><td>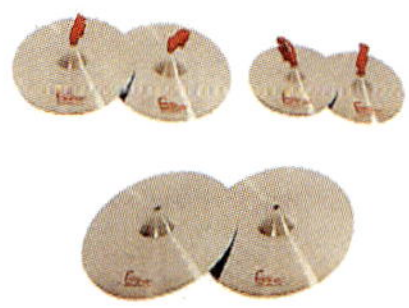</td><td>일정한 음정이 없는 무선율 타악기임. 모양은 얄팍하고 가운데 부분이 둥글게 솟아난 원반형으로 철과 구리의 합금으로 제조함. 악기의 몸체가 충격으로 울리는 구조임</td></tr>
<tr><td>20</td><td>캐스터네츠
(castanets)</td><td></td><td rowspan="2">캐스터네츠의 어원은 밤나무나 마로니에 같은 경질 목재로 만들어진 것에서 유래함. 주로 검지나 중지로 연주하며 매우 경쾌하며 딱딱한 소리가 남(구글이미지)</td></tr>
<tr><td>21</td><td>핸드캐스터네츠
(hand castanets)</td><td></td></tr>
</table>

	악기명	악기 사진	악기 형태 및 연주법
22	큰북		원통형의 몸통 양쪽에 가죽 막을 금속제의 누름틀로 누르고, 양쪽 면의 누름틀은 죔나사 또는 죔줄로 몸체에 고정시키고 가죽면은 일정한 장력(張力)을 유지하기 위하여 죄어짐. 기본적인 타법으론 가죽면의 중심을 비스듬히 위쪽에서 만곡선을 그리듯이 내리치며 센박부(강박)에서는 아래쪽에서 위쪽으로 올려침. 트레몰로(롤치기)는 북채의 중앙부를 쥐고 손목의 탄력을 이용하여 북채의 양끝으로 때려 소리를 냄(구글이미지)
23	작은북 (snare drum)		원통형으로 된 몸통의 양면에 가죽 막을 씌워서 만들며 두들기는 윗면인 표피(表皮)에는 아랫면인 이피(裏皮)보다 조금 더 두꺼운 가죽을 씌움. 또 이면에는 몇 줄의 금속 선으로 된 띠 모양의 스네어(snare) 장치가 되어 있어 '스네어드럼'이라고도 함
24	래칫 (ratchet)	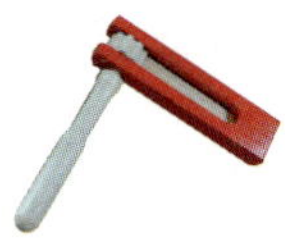	톱니바퀴의 원리로 연주되는 효과 악기의 일종으로 래칫 위에 걸려 있는 막대가 톱니 사이에 끼어 역회전을 방지하는데 이 막대를 폴(pawl)이라고 함. 손잡이를 돌려 연주하면 톱니와 나무판이 만나 '딸깍' 하는 소리가 남
25	천둥드럼 (spring drum)		울림통 속에서 스프링이 흔들리며 나는 소리가 마치 천둥소리와 흡사하다고 하여 붙여진 이름임
26	아고고벨 (agogo bell)		크기가 다른 원뿔 모양의 통을 쇠막대에 연결하여 채로 두드리며 연주함. 두 가지 톤의 다른 소리가 남
27	에그셰이커 (egg shakers)		달걀 모양으로 형상화한 셰이커로 양손으로 잡고 흔들며 연주함

	악기명	악기 사진	악기 형태 및 연주법
28	에너지차임 (energy chime)	 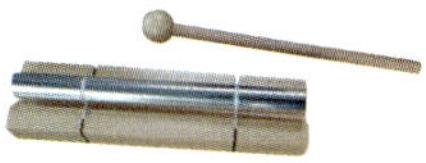	좋은 공명을 위해 쇠막대가 나무판에서 떨어져 있음. 쇠막대를 채로 치며 연주함
29	차임벨 (chime bell)		공명통 위에 길이가 다른 금속 건반이 길이의 순서대로 올려져 있는 악기로 잔음이 길게 울리는 특성이 있음. 부드러운 채로 가볍게 건반을 두드려 연주함으로써 울려 퍼지는 아름다운 소리를 감상할 수 있음
30	몽키드럼 (monkey drum)		실로 매단 구슬이 작은 가죽 북면을 두드리는 모습이 흡사 원숭이를 연상시킨다 하여 '몽키드럼'이라 명명됨. 손잡이를 양 손바닥 사이에 넣고 비비며 연주함
31	카바사 (cabasa)		금속을 엮어서 원통형 나무 겉면을 에워싼 악기로 한 손으로 손잡이를 잡고 다른 손으로 금속 부분을 손으로 감싸서 잡고 비비거나 흔들며 연주함
32	리듬스틱 (rhythm sticks)		윷으로 부딪치거나 긁거나 때리거나 흔드는 등 다양한 방법으로 리듬 연주함
33	개구리귀로 (frog guiro)		요철 모양의 나무 악기를 나무막대로 긁어서 소리 내는 악기로 개구리 등 부분을 나무막대로 긁으면 개구리 소리가 남

	악기명	악기 사진	악기 형태 및 연주법
34	물고기 귀로		물고기 모양으로 만든 귀로
35	메탈 귀로		금속으로 만든 통을 가느다란 쇠바늘 여러 개를 이어 붙인 채로 긁으며 연주함
36	빨래판 귀로		빨래판을 나무 채로 긁거나 두드려 연주함(약 70여 년에 걸쳐 대를 이어 내려온 우리나라 빨래판)
37	음비라 (Mbira, thumb piano)		중남미에는 아르마딜로(armadillo, 빈치류의 포유동물)의 등딱지를 사용한 현악기가 있으며, 북미 인디언들도 거북 등딱지를 클래터(clatter)로 사용함. 콩고 등 중부 아프리카에서 음비라(thumb piano)의 재료도 거북의 등딱지를 사용하고 있음. 엄지로 금속을 튕기듯이 연주함
38	스핀벨 (spin bells)		여러 개의 종을 둥근 형태로 이어 붙인 악기임. 중심을 돌린 뒤 채를 대고 있으면 아름다운 소리가 울려 퍼짐
39	공명실로폰		각각의 공명통에 건반을 만든 악기로 연주자 여러 명이 각자 채를 들고 각각의 건반을 연주할 수 있음
40	코끼리코 (wooden clatter)		작은 나뭇조각들을 이어 붙인 악기로 양 끝을 잡고 구부리고 펴는 동작을 반복하며 연주함. 악기의 구부려지는 모양이 코끼리코를 연상시켜 '코끼리코'라 부름(m.guitarsky.com)

	악기명	악기 사진	악기 형태 및 연주법
41	콩가		콩고에서 유래된 악기로 춤곡에서 많이 사용되어 왔으며 맑고 잔잔한 음색이 특징임
42	봉고		라틴아메리카 지역의 민속악기로 원형으로 속을 깎아 만든 나무통에 가죽을 씌운 악기. 작은 통은 높은 소리, 큰 통은 낮은 소리가 나며 손가락으로 연주함. 보통 다리 사이에 끼고 연주하나 스탠드에 올려놓고 연주하기도 함
43	레인스틱 (rain stick)		남미 원주민이 가뭄을 겪을 때 기우제를 치르는 도구였음. 맑은 빗소리를 연상시키는 청명한 소리가 특징임. 소리가 완전히 그칠 때까지 천천히 기울이다가(15~25도) 다시 반대쪽으로 기울이며 연주함
44	꽹과리		놋쇠를 두드려 손바닥만 하게 만든 것으로 옆면에 뚫린 구멍에 끈을 연결하여 손가락에 걸고 치는 악기(나무위키)
45	징		놋쇠를 두드려 만들며 꽹과리보다 훨씬 큼
46	장구		오동나무 통을 모래시계 형상으로 깎고 통의 양편은 가죽으로 메운 구조이며, 오른편에 말가죽, 왼편에 소가죽이나 개가죽을 주로 사용함. 장구는 각각 북편과 채편으로 이루어져 있다. 북편은 궁채라고 하는 무게가 있고 굵은 공이가 달린 대나무 채로 치는데 북소리와 비슷한 소리를 내며, 채편은 열채라고 하는 가느다란 대나무 채로 치며 높고 날카로운 소리를 냄(나무위키)

	악기명	악기 사진	악기 형태 및 연주법
47	오르프 선율타악기	   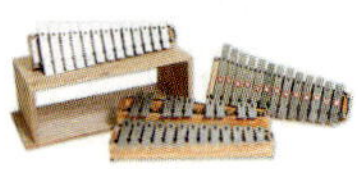	다양한 울림통의 크기로 음역이 높은 악기와 음역이 낮은 악기를 구분하며, 실로폰과 메탈로폰을 연주할 때의 채가 다름. 고음을 연주하는 악기는 채의 머리가 단단하고 대체로 작으며, 저음을 연주하는 악기는 머리가 부드럽고 큼. 엄밀히 정의하면 오르프 악기는 선율 타악기만을 의미함(뮤앤무오르프샵) • 콘트라베이스 실로폰 • 베이스 실로폰 • 알토 실로폰 • 소프라노 실로폰 • 베이스 메탈로폰 • 알로 메탈로폰 • 소프라노 메탈로폰 • 알토 글로켄슈필 • 소프라노 글로켄슈필

출처: 구글이미지; m.guitarsky.com; 나무위키; 뮤앤무오르프샵.

2) 음악과 함께 악기를 연주하는 다양한 방법

- 초기에는 한 가지 악기를 집중적으로 탐색하고 연주할 기회를 준다. 이후 점차적으로 다른 악기를 첨가한다.
- 음악을 들으며 연주하고 싶은 악기를 선택하여 연주해 보도록 한다.
- 노래를 부르며 악기를 연주해 본다.
- 노래를 부르면서 자신이 정한 독특한 방법으로 악기를 연주해 보고 감상하도록 한다.
- 음악의 분위기, 특성을 분석하고 연주할 악기를 정한 뒤 적절한 연주 방법을 생각해 보고 이야기 나누어 본다.
- 동화 내용의 효과음을 악기로 들려주어 극적인 효과를 높이는 악기 연주에 관심 갖고 연주해 볼 수 있다.

- 동화 및 노래동화, 음악극 내에서 악기를 이용하여 효과음을 만들어 보도록 지원한다.
- 악기 연주의 효과음을 이용하여 이야기를 지을 수 있도록 격려한다.

활동 7-1

다음에 제시된 질문에 따라 악기놀이를 이끌어 봅시다.

- 선율악기, 무선율악기(음높이가 같은 악기 또는 음높이가 다른 악기)를 찾아볼까?
- 소리가 비슷한 악기를 모아 보자. 왜 그렇게 생각했니?
- 파란색 책상, 노란색 책상, 빨간색 책상 위에 악기들을 왜 나누어 놓았을까?
- 이 악기는 어떻게 만들어졌을까?
- 우리가 듣고 있는 악기 소리는 어떻게 만들어졌을까?
- 이 악기 외에 어떤 악기를 만들고 싶니?

다음의 [사례 1]과 [사례 2]는 새로운 악기를 소개하는 활동이다.

사례 1

교사 이 악기 이름은 레인스틱이라고 해. 레인은 영어로 비, 스틱은 막대기. 그러니까 빗소리를 내는 막대악기. 선생님 따라서 말해 봐.
유아 레인스틱.
교사 그래, 선생님이 악기 소리를 들려줄게. (소리를 들려주며) 빗소리가 들려?
유아 네, 비가 오는 소리가 들려요.

사례 2

교사 소리를 들려줄게. (소리를 들려주며) 무슨 소리 같아?

유아 1 바람 소리.

유아 2 파도 소리.

유아 3 전에 엄마랑 아빠랑 시골에 갔었는데요. 거기서 할머니가 채로 곡식을 이렇게 할 때 (까부는 행동) 나는 소리.

유아 4 빗자루로 땅을 쓰는 소리.

유아 5 비가 오는 소리.

두 가지 사례를 살펴보고 새로운 악기를 대할 때 유아들이 제일 먼저 떠올리는 생각과 행동에 대하여 생각해 본다.

- 악기 이름을 먼저 알고 싶어 할까?
- 어디에서 본 적이 있는 악기인지 생각할까?
- 나에게 있는 악기인지, 없는 악기인지 말하고 싶어 할까?
- 소리를 듣고 싶어 할까?
- 어떻게 연주할 수 있는지 배우고 싶어 할까?
- 무엇으로 만들었는지, 누가 만들었는지, 어디에서 났는지 알고 싶어 할까?
- 이러한 신기한 소리가 어떻게 나는지 궁금해 할까?
- 악기가 어떻게 만들어진 것인지 알고 싶을까?

[사례 1]에서는 악기 이름을 먼저 안내한 후에 악기 이름에서 제시하고 있는 빗소리와 연합하는 방식으로 악기 소개를 하고 있다. 이와 같은 수업에서 유아들은 악기 이름을 명료하게 기억할 것이며, 해당 악기는 빗소리를 들려주는 악기, '레인스틱rain stick'이라고 확실하게 이해하게 될 것이다.

[사례 2]에서는 먼저 소리를 몇 차례 들려주었다. 소리의 음색에 대한 아이들의 마음과 생각을 표현할 기회를 부여하였고 유아들은 떠오르는 생각을 말하였다.

[사례 2]의 상황에서 유아들이 이루게 되는 발달적·교육적·창의적·융합적 의미에 대하여 예비교사들은 다음과 같은 의견을 드러냈다.

- 집중하여 들을 것 같아요. 눈이 반짝반짝 빛나고, 골똘히 생각하는 모습.
- 유아 자신의 생각을 자연스럽게 말하게 될 거예요.
- 친구들의 다양한 생각을 듣고 싶어 할 것 같아요.
- 정해진 답이 있는 것이 아니기 때문에 떠오르는 생각을 말하는 데 있어 전혀 주저할 필요가 없어요.
- 교사의 부정적 반응, 다른 친구들의 부정적인 반응을 생각하지 않아도 될 거예요.
- 우리가 하고 싶은 부담 없는 수업, 자율적인 수업이 될 거예요.
- 유아들끼리 서로 질문하고 답하는 분위기가 이어질 거예요.
  예 '채로 곡식을 어떻게 하는 건데?', '왜?' 등
- 교사가 유아들의 생각을 있는 그대로 수용하는 수업이 되겠지요.
- 악기의 구조를 알고 싶어 하게 될 거예요. 자연히 다음 수업은 물리적 특성, 구조적 특성에서 물리, 재료 탐구 등 과학 수업으로 연계되겠지요.
- 악기를 만들 때 나름 창의적인 생각을 하게 될 거예요. 재미있는 소리를 만들기 위한 연구를 하며, 시행착오를 통해 발견하게 될 거예요.
- 아이들끼리 서로 많은 말을 주고받을 거예요. 질문하고 답하고 토론으로도 이어질 수 있어요.
- 유아들의 활동을 통하여 서로 배우는 기회가 될 거예요.
- 노래 부르기, 노래동화, 음악극 활동에서 악기를 이용, 적절한 효과음 넣기, 악기 만들기에서 과학과 융합될 거고….
- 결국 그러다 보면 언어, 수학, 사회, 정서, 과학, 동작 등 계속 프로젝트 수업으로 이어지는 활발한 놀이가 전개될 거예요.

유아들의 창의성은 음악놀이 속에서 계속 발현된다. 음악 활동은 노래와 춤, 악기 연주로 제한되는 독립된 교육 영역이 아니며 지속적으로 융합되고 프로젝트 수업으로 실천하기에 적합한 교육 활동임을 깨달았다. - 유아음악교육 수업 중(2017. 11).

〈표 7-4〉 기악의 연주 형태

형태			악기 구성
실내악	2중주		바이올린과 피아노/첼로와 피아노/플루트와 피아노 등
	3중주	피아노	피아노, 바이올린, 첼로
		현악	바이올린, 비올라, 첼로
		클라리넷	클라리넷, 바이올린, 피아노
	4중주	피아노	피아노, 바이올린, 비올라, 첼로
		현악	제1바이올린, 제2바이올린, 비올라, 첼로
		목관	플루트, 클라리넷, 오보에, 바순
	5중주	피아노	피아노, 제1바이올린, 제2바이올린, 비올라, 첼로
		현악	제1바이올린, 제2바이올린, 비올라, 첼로, 콘트라베이스
		목관	플루트, 클라리넷, 오보에, 바순, 호른
관현악	현악기, 관악기, 타악기로 편성, 목관악기 수에 따라 규모 결정		
	2관 편성		목관악기를 2개씩 배치, 호른은 4배수인 4개 배치
	4관 편성		목관악기를 4개씩 배치, 호른은 4배수인 8개 배치
	협연 편성		관현악, 독주 악기(피아노, 바이올린, 첼로, 플루트 등)

출처: 박명숙 · 이상은 · 심혜숙(2017).

활동 7-2

다음의 2·3·4중주곡 또는 협주곡을 감상하며 악기들이 어우러지는 소리가 전해주는 느낌과 생각을 나누어 봅시다.

- 모차르트의 바이올린과 비올라를 위한 2중주 1번 G장조 K. 423
- 베토벤의 피아노 3중주 제3번 C단조 Op. 1-3
- 하이든의 현악 4중주 '종달새'
- 바흐의 두 대의 바이올린을 위한 협주곡

닳고 닳은 신발 바닥과 캐스터네츠

스토리텔러 박선영 예비교사의 악기 이야기

어느 마을에 거지가 있었어.
거지는 노래 부르는 걸 좋아했어.
노래를 불러도
거지에게 관심 가져 주는 사람은 단 한 명도 없었지만
거지는 매일매일 노래를 부르며 돌아다녔어.

그런데
언제나 똑같은 신발만 신고 걷다 보니
신발 바닥이 닳고 닳아버린 거야.
그래서 걸을 때마다
'딱' '딱' '딱' '딱' 하고 신발 바닥이 소리를 냈지.

거지의 노랫소리와 신발 바닥 소리가 마을 사람들에게 들리기 시작했어.
뒤를 돌아본 거지는 깜짝 놀랐어.
거지 뒤로 꼬마들이 신나게 노래를 부르며 따라오고 있었던 거야.
거지는 매일 낡은 신발을 신고 다니며 노래를 불렀고
꼬마들은 이 신발 소리를 매우 재미있어했어.

어느 날
거지는 낡아서 닳고 닳은 신발바닥 소리로 악기를 만들기로 결심했어.
그래서 악기를 만들기 위해 조용히 마을을 떠났지.

그 이후로
마을 사람들은 신발 바닥이 떨어져도 버리지 않고
노래를 부를 때면
바닥이 떨어진 신발을 신고 다니며 박자를 맞추었대.

'딱' '따닥' '딱' '딱' '딱' ♪♬♩♩♩
'딱' '따닥' '딱' '딱' '딱' ♪♬♩♩♩

거지가 마을을 떠나서 예쁜 소리를 찾아 만든 악기가 '캐스터네츠' 아닐까.

다음은 '자연과 더불어 살아가기' 소주제 아래 '숲속 소리를 들어요' 활동을 구성한 계획안이다. 다양한 악기를 탐색하고 악기의 구조와 특성에 따른 소리를 이해하며 자연의 소리를 듣고 악기로 연주하는 활동을 계획하였다.

활동 7-3

<table>
<tr><th colspan="5">활동계획안</th></tr>
<tr><td>생활 주제</td><td>동식물과 자연</td><td>주제</td><td colspan="2">자연과 더불어 사는 우리</td></tr>
<tr><td>소주제</td><td>자연과 더불어 살아가기</td><td>연령</td><td colspan="2">만 5세</td></tr>
<tr><td>활동명</td><td>숲속 소리를 들어요</td><td>활동 유형</td><td colspan="2">대집단</td></tr>
<tr><td>활동 목표</td><td colspan="4">1. 다양한 악기를 탐색하고 악기의 구조와 특성에 따른 소리를 이해한다.
2. 자연에서 나는 소리를 듣고 악기로 연주할 수 있다.
3. 음악을 감상하며 창의적 태도를 기른다.</td></tr>
<tr><td>누리과정 관련 요소</td><td colspan="4">• 의사소통 – 말하기 〉 느낌, 생각 말하기
– 듣기 〉 동요, 동시, 동화 듣고 이해하기/바른 태도로 듣기
• 예술경험 – 예술적 표현하기 〉 음악으로 표현하기
– 예술 감상하기 〉 다양한 예술 감상하기
• 자연탐구 – 탐구하는 태도 기르기 〉 호기심을 유지하고 확장하기</td></tr>
<tr><td>활동 절차</td><td colspan="3">활동 내용</td><td>자료 및 유의점</td></tr>
<tr><td>도입</td><td colspan="3">T 우리가 숲 산책을 나가서 숲속에서 어떤 소리를 들었어?
C 바람 소리요./새소리요./물소리요.
T 우리가 들은 소리를 내어 볼까?
C (입소리를 낸다.) 어떤 소리일까?
C 새소리요.
T 우리가 들은 바람 소리는?
C 슝슝./샤르륵.
T 이번에는 물소리를 ○○이가 표현해 볼까?
C 졸졸졸./도롤또롤또로롤.
T 와! 정말 물소리가 들리는걸.
T (융판 뒤에서 악기를 연주한 후) 어떤 악기 소리 같아?
C 캐스터네츠요.
T (융판 뒤에서 악기를 연주한 후) 이 소리는 어느 악기에서 나는 소리일까?</td><td>캐스터네츠와 스터링드럼의 악기 그림자, 캐스터네츠 악기, 스터링드럼 악기</td></tr>
</table>

<table>
<tr><th>활동 절차</th><th>활동 내용</th><th>자료 및 유의점</th></tr>
<tr><td>도입</td><td>T (캐스터네츠와 스터링드럼 악기를 보여 주며) 캐스터네츠와 스터링드럼이야. 또 너희들이 소리 내고 싶은 악기로 새소리, 바람 소리, 물소리를 표현해 보자.</td><td></td></tr>
<tr><td>전개</td><td>T 어떤 소리를 어느 악기로 표현해 보면 좋을까?
C 바람 소리요./물소리요./새소리요.
T 정말 표현해 보고 싶은 소리가 많지?
먼저 새소리를 악기로 표현해 볼까?
C 네.
T 숲속에서 산새들이 어떻게 소리를 내었지?
C ○○ 소리요.
T 그래, 그런 소리를 냈었지. 어떤 악기로 산새들이 속삭이는 소리를 표현할 수 있을까?
C ○○이요./○○이요.
T 그런 악기들로 표현해 보고 싶구나. 친구들 앞에서 자기가 고른 악기로 산새소리를 들려주고 싶은 친구?
C 저요.
T ○○이가 악기장에서 악기를 고른 다음 친구들 앞에서 들려줄래?
C 네.
T (연주를 듣고 난 후) 고마워, ○○아. 얘들아 ○○이가 들려준 산새소리가 어땠어?
C 좋았어요./맑아요.
T 그런 느낌이 들었구나. 이번에는 바람 소리를 악기로 표현해 보자. 친구들 앞에서 표현해 보고 싶은 친구 있을까?
C 저요.
T 이번엔 ○○이가 악기장에서 연주하고 싶은 악기를 선택해서 친구들에게 들려줄래?
C 네.
T (연주를 듣고 난 후) 고마워, ○○아! 얘들아, ○○이의 연주를 듣고 어떤 기분이 들었어?
C 다시 숲속에 있는 기분이었어요./신났어요.
T 정말 다양한 기분이 들었지?
마지막으로 한 가지만 더 악기로 표현해 보자. 어떤 소리로 해 볼까?
C 물소리요.</td><td>• '숲속을 걸어요' 동요 음원 파일
• 산새, 바람, 물 카드 (10×5cm)
• 악기: 탬버린, 캐스터네츠, 트라이앵글, 마라카스</td></tr>
</table>

활동 절차	활동 내용	자료 및 유의점
전개	T 물소리로 해 볼까? 너희가 숲속에서 들었던 물소리는 어땠어? C 쪼르르르륵 소리요./쉬이이이익 소리요. T 그런 소리가 들렸구나. 그 소리를 누가 친구들에게 악기로 표현해 줄래? C 저요. 저요. T ○○이랑 ○○이가 나와서 각자 연주하고 싶은 악기를 악기장에서 고르고 동시에 같이 표현해 보자. C 네. T (연주를 듣고 난 후) 고마워. ○○아. ○○아. 정말 물소리가 들리는 것 같았지? C 네. T 우리 모두 오늘 멋진 연주를 보여 준 친구들에게 박수쳐 주자. T 이번에는 숲속 이야기가 담긴 동요를 우리 같이 들어 볼까? C 네. (동요를 다 듣고 난 후) T 이 동요에 어떤 이야기가 담겨 있니? C 숲속에서 바람이 불어요./산새들이 속삭여요. T 정말 다양한 이야기가 들어 있지? 이번엔 노래를 들으면서 소리를 내는 산새, 바람, 물소리를 어떤 악기로 어떻게 연주할지 생각해 보자. T 이번에는 우리가 노랫말을 바꾸어서 불러 볼 거야. T 우리가 숲속에 산책을 갔을 때 산새들이 어떻게 속삭였지? C '째재잭짹' 했어요. T 새소리 말고 또 무슨 소리를 들었지? C 바람 소리요./물소리요. T 그래, 바람 소리도 들었고 물소리도 들었어. 먼저 바람 소리는 어떻게 바꾸어 부를 수 있을까? C '바람결이 넘나드는 길'이요. T 어, '바람결이 넘나드는 길' 멋진 표현인걸! '바람결이 넘나드는 길' 부분은 어떤 악기로 표현하면 좋을까? C 탬버린이요./마라카스요.	

<table>
<tr><th>활동 절차</th><th>활동 내용</th><th>자료 및 유의점</th></tr>
<tr><td>전개</td><td>T 그래. 그런데 바람결이 넘나드는 길이래. 바람이 볼에 동글동글 스치면서 가면 어떤 느낌일 것 같니?
C 볼이 간질간질해요./시원하고 기분이 좋아요.
T 그 느낌을 생각하면서 ○○이, ○○이, ○○이가 나와서 악기를 연주해 주고 다른 친구들은 '산새들이 속삭이는 길'을 '바람결이 넘나드는 길'로 바꾸어서 불러 보자.
(노래)
T 친구들의 악기 연주 소리가 어땠어? 어떻게 연주하면 그런 소리가 나는 걸까? 어떤 바람을 생각하고 그런 소리를 낸 건지 말해 줄래?
C 부드럽게 살살 부는 바람이요./간질간질./슈루룩.
T 우리의 노랫소리와 악기 연주 소리를 듣고 산새들과 바람결이 우리 반에 놀러 올 것 같구나. 박수!
(악기 연주하러 나온 유아들 자리로 돌아간다.)
T 이번에는 물소리를 표현해 볼까? 우리 숲에서 도랑물이 흐르는 소리를 들었지? 물소리는 노랫말을 어떻게 바꾸면 좋을까?
C 도랑물이 노래하는 길.
T 도랑물이 노래하는 길. 그래, 도랑물이 흐르는 소리가 마치 노래하는 것 같다고 생각한 거구나?
C 네.
T 도랑물을 악기로 표현해 보고 싶은 친구들 있니?
C 저요, 저요.
T 지금 손든 친구들이 나와서 각자 연주하고 싶은 악기로 도랑물이 흐르는 소리를 연주해 보자. 다른 친구들은 다 같이 노래 부를까?
(노래)
T 와! 정말 우리가 지난주에 다녀왔던 숲속에 다시 와 있는 것 같은 생각이 드는걸. 너희들 생각은 어때?
C 도랑물이 옆에서 흐르는 것 같아요./다시 듣고 싶어요.
T 그렇지? 모두 노래와 악기 연주 멋지게 잘 표현했어. 정말 대단하다. 우리 서로에게 박수!</td><td></td></tr>
</table>

활동 절차	활동 내용	자료 및 유의점
정리/ 마무리 총평	T 우리가 내일 숲 산책을 또 갈 거야. 이번에는 우리가 바람이 넘나드는 소리, 참새가 속삭이는 소리, 도랑물이 또르르 떨어지는 소리를 악기로 표현해 볼까? T (입으로 소리를 내며) 어! 이게 무슨 소리지? C 참새소리요. T 참새가 뭐라고 말을 하고 있는 걸까? C 만나서 반갑다고 인사하는 거 같아요. T 그럼, 어떤 대답을 하게 될까? 우리 내일 산속의 소리를 들으며 연주해 볼 때 새들이 속삭일 때 우리도 새소리를 연주하면서 같이 대화해 보자. T 새들 소리뿐만 아니라 바람결이 넘나들 때 바람 소리를 연주하고, 숲속의 소리를 들어 보며 악기로 연주하며 숲속과 대화해 보면 어떨까? T ○○이는 어떤 악기로 숲속과 대화를 할 거야? C 트라이앵글로 대화할 거예요. T 그 악기로 숲과 어떤 대화를 할 거야? C 트라이앵글로 새들을 부르면서 대화할 거예요. T 그러면 우리 내일 숲에서 연주할 악기를 두 개씩만 선택해서 꽃 가방 속에 넣어서 가도록 하자.	

다음은 '소리 탐색'을 주제로 구성한 활동계획안이다. 주변에 소리를 낼 수 있는 생활악기에 관심 갖고 전통음악을 감상하며 악기를 연주하는 활동이다.

활동 7-4

<table>
<tr><td>생활 주제</td><td>우리나라와 다른 나라</td><td>주제</td><td colspan="3">소리 탐색</td></tr>
<tr><td>소주제</td><td>소리를 낼 수 있는
폐품을 찾아서 소리 내기</td><td>연령</td><td colspan="3">만 5세</td></tr>
<tr><td>활동명</td><td>소리를 찾아서</td><td>집단 형태</td><td>대집단</td><td>소요시간</td><td>20분</td></tr>
<tr><td>활동 목표</td><td colspan="5">• 주변에서 나는 다양한 소리에 관심을 갖는다.
• 생활악기 소리를 탐색하며 다양한 소리를 만들 수 있다.
• 전통음악을 감상하며 생활악기를 즐겁게 연주한다.</td></tr>
<tr><td>활동 자료</td><td colspan="5">폐품, 삼도 농악 가락 음원, 사물놀이 악기 음원, 융판, 사물놀이 관련 융판 자료, 커튼, 그림자 막</td></tr>
<tr><td>활동 전개</td><td colspan="2">활동 내용</td><td colspan="3">활동 자료 및 유의점</td></tr>
<tr><td>도입</td><td colspan="2">⊙ 놀이 상황
① 굿거리장단을 손장단으로 표현한다.
T·C 덩 기덕 쿵 더러러러 쿵 기덕 쿵 더러러러.
우리 반 ○○반, 덩 기덕 쿵 디리리리 쿵 기덕 쿵 더러러러

⊙ 도입 활동
② 유아가 집에서 가져온 생활악기에 대해 이야기를 나눈다.
T 선생님 앞에 우리가 집에서 가져온 물건들이 이렇게 쌓여 있네? 어떤 물건들이 보여?
C 분유통이요./젓가락이요.
T 정말 다양한 폐품들을 가져왔구나?</td><td colspan="3">• 활동 자료: 폐품</td></tr>
<tr><td>전개</td><td colspan="2">① 폐품을 악기화해서 소리를 탐색한다.
T 우리가 가져온 다양한 폐품으로 소리를 내어 보자. (페트병과 나무젓가락을 치며) 이렇게 우리가 폐품으로 소리를 내어 보니 악기 소리가 나네. 소리가 어떻게 나는 것 같아?</td><td colspan="3"></td></tr>
</table>

활동 절차	활동 내용	자료 및 유의점
전개	C '통통통' 소리요. T 또 어떤 악기로 재미있게 소리를 낼 수 있을까? C 분유통이요./콜라 캔이요. T ○○이가 소리를 내어 볼래? 소리를 내고 싶은 악기를 친구들한테 보여 주자. T ○○이가 무엇을 들었어? C 깡통이요. T 깡통을 들었구나. 깡통을 무엇으로 쳐서 소리 내어 볼까? C 쇠젓가락이요. T 깡통과 쇠젓가락이 만나면 어떤 소리가 날까? ○○이가 들려줄래? T 얘들아, ○○이의 악기에는 어떤 소리가 났어? C '챙챙챙' 하는 소리가 났어요. T 또 재미있는 소리를 어떻게 낼 수 있을까? C 제가 해 볼래요. T △△이가 나와서 소리 내어 보자. 어떻게 소리를 내고 싶니? C 저는 휴지 갑을 나무젓가락으로 두드려서 이렇게 소리를 내요. T 그렇구나. △△이는 휴지 갑과 나무젓가락으로 재미있는 소리를 냈구나. 재미있는 소리를 들려줘서 고마워. T 또 어떤 재미있는 소리를 낼 수 있을까? T (손든 유아 지목) 이번에는 □□이가 소리 내어 보자. 어떻게 재미있는 소리를 내고 싶어? C 저는 쇠그릇과 열쇠로 이렇게 소리를 내고 싶어요. T ○○이는 쇠그릇과 열쇠로 재미있는 소리를 냈구나. 재미있는 소리를 내줘서 고마워. T (두 번째 유아) 아까 △△이는 어떤 물건하고 어떤 물건을 쳤지? C 휴지 갑과 나무젓가락이요. T (세 번째 유아) □□이는 어떤 폐품과 어떤 폐품을 쳤지? C 쇠그릇과 열쇠요. T △△이와 □□가 낸 소리가 다르게 들렸니?	• 활동 자료: 폐품, 삼도 농악 가락 음원, 사물놀이 악기 음원, 융판, 사물놀이 관련 융판 자료, 커튼, 그림자 막 • 유의점 – 악기의 소리를 유추할 수 있도록 이끌어 준다. – 유아들이 악기 소리를 충분히 듣고 생각할 수 있도록 한다. – 불을 끌 때 유아들이 놀라지 않도록 미리 안내한다. – 안전하게 활동할 수 있도록 환경을 조성한다.

활동 절차	활동 내용	자료 및 유의점
전개	C 나무젓가락으로 휴지 갑을 두드렸을 때는 '둥둥' 하는 소리가 났어요. 쇠그릇과 열쇠를 부딪쳤을 때는 '챙챙' 소리가 났어요. T ○○이가 쳤던 쇠로 만든 물건에서는 '챙챙' 소리가 나고, △△이가 쳤던 종이로 만들어진 물건에서는 '둥둥' 소리가 났지? 무엇으로 만들어졌느냐에 따라서 다른 소리가 나네. **② 사물놀이 악기의 소리를 탐색한다.** T 우리 전통악기 중에서도 이렇게 쇠를 두드려서 소리를 내는 악기가 있대. 어떤 악기가 있냐면, 선생님이 소리를 들려줄게. T (꽹과리 음원 파일을 들려준 후) 이 소리가 나는 악기가 있대. 지금 들었던 악기에서는 어떤 소리가 났어? C '꽹꽹' 소리가 났어요. T 무엇으로 만들어져서 이런 소리가 날까? C 쇠요. T 이 악기는 이렇게 (꽹과리 사진을 융판에 붙인 후) 캔보다는 조금 더 단단한 쇠로 만들어졌어. 그래서 이렇게 재미있는 소리가 나게 되나 봐. 이 악기 이름은 '꽹과리'야. (글자 카드를 붙이면서) 이 악기의 이름이 뭐라고? C 꽹, 과, 리! T 이번에는 다른 악기의 소리를 들려줄게. 이 악기는 무엇으로 만들어졌는지 생각해 보면서 들어 봐. T (징 음원 파일을 들려준 후) 지금 들었던 악기에서는 어떤 소리가 났어? C '댕' 소리가 났어요. T 무엇으로 만들어져서 이런 소리가 날까? C 철이요./쇠요. T 이 악기도 (징 사진을 융판에 붙인 후) 아까 봤던 꽹과리처럼 쇠로 만들었어. 그런데 이 악기는 꽹과리보다는 좀 더 두껍고 크게 만들었어. 그래서 이렇게 치니까 웅장한 소리가 나게 되나 봐. 이 악기 이름은 '징'이야. (글자 카드를 붙이면서) 이 악기의 이름이 뭐라고? C 징!	

활동 절차	활동 내용	자료 및 유의점
전개	T 자, 이번에는 다른 악기 소리를 들려줄게. 이 악기는 무엇으로 만들어졌는지 생각해 보면서 들어 봐. T (북 음원 파일을 들려준 후) 지금 들었던 악기에서는 어떤 소리가 났어? C '둥둥' 소리가 났어요. T 무엇으로 만들어져서 이런 소리가 날까? C 종이요. T 이 악기는 (북 사진을 융판에 붙인 후) 까끌까끌한 가죽 면으로 만들었어. 그래서 이렇게 신나는 소리가 나게 되나 봐. 이 악기 이름은 '북'이야. (글자 카드를 붙이면서) 이 악기의 이름이 뭐라고 했더라? C 북. T 이번에는 또 다른 악기 소리를 들려줄게. 이 악기가 무엇으로 만들어졌는지 생각하면서 들어 봐. T (장구 음원 파일을 들려준 후) 지금 들었던 악기에서는 어떤 소리가 났어? C '덩덩' 소리가 났어요. T 무엇으로 만들어서 이런 소리가 날까? C 종이요. T 이 악기도 (장구 사진을 융판에 붙인 후) 아까 봤던 북처럼 가죽으로 만들어졌어. 그런데 북이랑은 좀 다르게 생겼지? 어떻게 다른 것 같아? T 그래서 북과는 조금 다른 '덕', '쿵, '덩' 하는 소리가 나게 되나 봐. (글자 카드를 붙이면서) 이 악기의 이름이 뭐라고? C 장구. **③ 전통음악에 맞추어 악기를 연주한다.** T 선생님이 준비한 우리나라 전통음악을 다 함께 들어 보면서 우리 앞에 있는 생활악기로 연주해 볼 거야. 친구들이 나와서 생활악기로 연주를 하면 우리가 어떤 악기인지 생각해 보고 말해 볼까? T 그런데 친구들에게 악기를 보여 주지 않고 소리를 들려주려면 어떻게 하면 좋을까? C 뒤로 돌아서요./친구 뒤에 숨어요./커튼 뒤에서 해요.	

활동 절차	활동 내용	자료 및 유의점
전개	T 정말 다양한 생각을 했구나. 너희들이 말한 방법 중 어떤 것으로 해 볼까? C 우리 커튼 뒤에서 연주해 보면 재미있겠다. T 선생님이 이 상자를 안 보이게 커튼 뒤로 옮겨 볼게. T (삼도 농악 가락 음원을 틀며) 지금 나오는 음악에 연주하고 싶은 악기가 떠오르니? T 누가 뒤로 가서 악기 소리를 들려줄래? T (손든 ○○이를 가리키며) ○○이가 뒤로 가서 악기 소리를 들려줘. ○○이는 어떤 악기로 연주하게 될까? T 얘들아, ○○이가 연주하는 악기가 어떤 악기인 것 같아? T 우리 이제 어떤 악기인지 확인해 볼까? T ○○아, 커튼 사이로 짠! 하고 악기를 보여 줄래? T ○○이가 연주한 악기는 □□□였구나. □□□으로 연주하니 정말 재미있는 소리가 나네. T (삼도 농악 가락 음원을 틀며) 이 음악에는 누가 어떤 악기 소리를 내어 볼까? T (손든 ◇◇이를 가리키며) ◇◇이가 뒤로 가서 악기 소리를 들려줘. ◇◇이는 어떤 악기로 연주하게 될까? T 얘들아, ◇◇이가 연주하는 악기가 어떤 악기인 것 같아? T 이제 어떤 악기인지 확인해 볼까? T ◇◇아, 커튼 사이로 악기를 보여 줄래? T ◇◇이가 연주한 악기는 □□□였구나. □□□으로 연주하니 정말 신나는 소리가 나는구나. T (삼도 농악 가락 음원을 틀며) 또 누가 어떤 악기 소리를 내어 볼까? T (손든 ☆☆이를 가리키며) ☆☆이가 뒤로 가서 악기 소리를 들려줘. ☆☆이는 어떤 악기로 연주하게 될까? T 얘들아, ☆☆이가 연주하는 악기가 어떤 악기인 것 같아? T 어떤 악기인지 확인해 볼까? T ☆☆아, 커튼 사이로 짠! 하고 악기를 보여 줄래? T ☆☆이가 연주한 악기는 □□□였구나. □□□으로 연주하니 정말 신나는 소리가 나네.	

활동 절차	활동 내용	자료 및 유의점
전개	T (삼도 농악 가락 음원을 틀며) 이번에는 누가 소리 내어 볼래? T (손든 @@이를 가리키며) @@이가 뒤로 가서 악기 소리를 들려줘. @@이는 어떤 악기로 연주하게 될까? T 얘들아, @@이가 연주하는 악기가 어떤 악기인 것 같아? T 우리 어떤 악기인지 확인해 볼까? T @@아, 커튼 사이로 '짠!' 하고 악기를 보여 줄래? T @@이가 연주한 악기는 □□□였구나. □□□를 리듬에 맞춰 연주하니까 더욱 신나는 악기 연주가 되었네. **④ 사물놀이에 대해 이야기 나누고 생활악기를 연주한다.** T 우리가 지금까지 음악에 나왔던 악기들과 비슷한 소리가 나는 생활악기들을 연주해 봤지? 음악에 어떤 악기들이 있었어? C 북이요./꽹과리요./장구요./징이요. T 다들 잘 알고 있구나. 옛날에는 이 네 가지 악기를 언제 연주했을까? C 축제할 때요./신이 날 때요. T 그렇게 생각할 수도 있겠구나. 왜 그렇게 생각했니? C 음악이 신나서요./음악이 빨라서요. T 그래. 옛날에는 조상님들이 농사한 곡식을 거두고 하늘에 감사한 마음을 전하기 위해서 신나게 연주했어. T 이러한 연주를 사물놀이라고 해. 우리 조상님들은 네 가지 악기들을 연주한다고 해서 (글자 카드를 붙이며) '사물놀이'라고 부르셨어. 뭐라고 부른다고? T 이제 우리도 연주해 볼 거야. 어떻게 하면 재미있는 연주를 할 수 있을까? C 친구랑 같이 연주해요./어깨춤을 추면서 연주해요. T 다양한 방법이 있구나. 우리 조상님들은 사물놀이를 돌면서 흥겹게 연주를 하셨대. T 선생님은 재미있게 연주하기 위해 그림자 막을 준비해 봤어. 연주하는 친구가 그림자 막 뒤에서 연주를 하다가 선생님이 이 악기(생활악기 중 하나)를 이렇게 치면 연주하던 악기를 상자에 정리하고 자리로 돌아오는 거야.	

활동 절차	활동 내용	자료 및 유의점
전개	T 앉아 있는 친구들은 어떻게 재미있게 연주하는지 보자. T 누가 먼저 연주해 보고 싶어? T 그러면 ○○이부터 시작해 보자. T (신호 악기) 다음엔 어떤 친구가 연주해 볼까? T (신호 악기) 그 다음엔 어떤 친구가 연주해 볼까? T (신호 악기) 또 어떤 친구가 연주해 볼까? T (신호 악기로 끝을 알려 유아가 자리에 돌아온 후) 너희들은 어떤 소리가 가장 재미있었어? C ○○이가 연주했을 때 '땡땡' 소리가 났어요. T ○○이가 어떤 것 악기로 연주해서 이런 재미있는 소리가 났는지 알려 줄래? C □□□로 □□□해서 연주했어요. T 이렇게 친구들이 돌면서 사물놀이를 하는 모습을 보니까 어때? C 재미있어요./흥겨워요. T 우리가 이렇게 재미있다고 느낀 것처럼 조상님들도 흥겨운 마음으로 연주하셨나 봐. 너희들은 어때? 즐겁고 행복한 마음이 더 커질 것 같아? T 즐겁고 행복한 마음으로 다시 한번 연주해 볼까?	
마무리	**① 활동 평가 및 사후 활동에 대해 이야기를 나눈다.** T 지금까지 생활악기를 연주해 보았어. 연주한 악기 중에 가장 재미있었던 악기에 대해 말해 볼까? C 저는 캔으로 연주한 것이 재미있었어요. T 캔으로 어떻게 연주했어? C 쇠젓가락으로 캔의 옆과 윗부분을 치며 불렀어요. T 다양한 방법으로 악기를 연주하였구나. T 우리가 연주한 생활악기 말고도 사물놀이 악기와 더 비슷한 생활악기가 우리 집에 있을까? T □□□도 있을 수 있겠고, □□□로 소리 낼 수도 있겠다. 오늘 집에 가서 사물놀이 악기와 더 비슷한 소리를 내는 생활악기를 또 찾아볼까? 멋있고 재미있는 연주가 기대되는구나.	• 활동 자료: 폐품 • 유의점: 소리에 대한 인지적 갈등이 일어날 수 있도록 교사가 발문한다.

8

신체 활동

몸의 활동은
음악의 리듬과 자발적으로 융합하는 놀이이며
영유아의 생각을 열고 소통하는 첫 관문이다.

영유아의 몸에는 리듬이 내재되어 있다. 태내에서 들은 다양한 소리에서 리듬의 요소는 몸의 움직임과 함께 작동되는 불가분의 관계이며, 인간은 몸의 리듬을 지닌 채 태어난다. 요람에 누워 있는 아기는 누군가에게 배운 적이 없음에도 자신이 듣는 음악 리듬에 맞추어 요람을 흔들 수 있으며 몸과 요람의 리듬은 음악의 리듬과 동일한 하나의 리듬을 완성하게 된다. 이후 손과 팔을 흔들게 되고, 무릎을 굽히고 펼 수 있게 되면서 걷고 뛰고 돌고 흔들며 최초로 맛보는 최고의 음악놀이를 만들어 낸다.

즉, 음악의 리드미컬한 요소에 따라 손 흔들기, 고갯짓하기, 걷기, 달리기, 높이뛰기, 앙감질, 스키핑, 뛰어넘기, 말 뛰기, 돌기, 흔들기, 떨기, 꼬기 등 다양한 몸의 활동은 음악의 리듬과 함께 자발적으로 융합하는 몸의 놀이가 되는 것이다.

음악과 몸의 움직임이 자연스럽게 연계되는 놀이를 통해 영아가 성장·발달하는 과정을 보여 주는 대표적인 활동으로 '단동십훈' 활동을 들 수 있다. 우리나라에서 전통적으로 전해 내려오는 육아법인 단동십훈은 단군왕검 때부터 전해 내려온 왕족들의 아기 교육법에 관한 내용으로 인간의 존엄성을 강조하고 인지 발달을 자극하는 동시에 활동적이면서 낙천적인 요소가 깃들어 있다(이상교, 2007). 발달에 따른 신체동작을 반복하면서 올바른 마음가짐을 갖게 되고 건강하게 자라는 융합적 의미가 포함되어 있다.

♬♪ 제1훈 불아불아(弗亞弗亞)

아기의 허리를 잡고 세워 왼쪽과 오른쪽으로 기우뚱하면서 '불아불아'라고 말한다. 의미는 '우리 아기 착한 아기, 이 세상을 훤히 비칠 빛이 되어라.'라는 뜻이다.

불아불아 불아불아 / 금을 주면 너를 살까
은을 주면 너를 살까 / 불아불아 불아불아
우리 아기 예쁜 아기 / 밝은 빛이 되어라 귀한 빛이 되어라

♬♪ 제2훈 시상시상(時想時想)

아기를 무릎에 앉혀 놓고 앞뒤로 끄덕끄덕 흔들면서 '시상시상'이라고 말한다. 의미는 부모를 공경하고 효도하며 조상을 섬기는 예의 바른 사람이 되라는 뜻이다.

시상시상 시상시상 / 앞으로 나갔다 / 뒤로 물러났다
무엇 무엇이 보이니 / 시상시상 시상시상 / 윗사람을 섬기고 / 아랫사람을 아껴라

♬♪ 제3훈 도리도리(道理道理)

머리를 좌우로 돌리며 '도리도리'라고 말한다. 의미는 천지 만물이 하늘의 도리로 생겼듯이 아기도 이러한 자연의 섭리로 태어났음을 잊지 말라는 뜻이다.

도리도리 도리도리 / 왼편을 보아라
오른편을 보아라 / 도리도리 도리도리
그른 것을 버리고 / 옳은 것을 좇아라

♬♪ 제4훈 지암지암(持闇持闇)

양손을 앞으로 내놓고 손가락을 쥐었다 폈다 하며 손놀림을 가르치는 동작. 일명 '좜좜' 놀이다. '암'은 어둡고 혼미하다는 뜻으로 '지암'은 세상의 혼미한 것을 가려서 파악하라는 뜻이다.

좜좜좜좜 좜좜좜좜 / 쥐었다 폈다 폈다 쥐었다
좋은 생각은 고이고 / 나쁜 생각은 버려라
좜좜좜좜 좜좜좜좜 / 두고두고 알아가라 / 살펴 살펴 알아가라

제5훈 곤지곤지(坤地坤地)

아기의 왼손을 펴게 한 다음 오른손 검지로 왼손바닥을 찧으며 '곤지곤지'라고 말한다. '십(十)'이라는 글자는 ↑(음)과 ←(양)이 관통하는 모습으로 음양 조화를 상징한다. 이를 알면 땅의 이치도 깨닫게 된다는 뜻이다.

곤지곤지 곤지곤지 / 둥게둥게 얼뚱아기 / 쑥쑥 자라 어서 자라
신랑 각시 되려무나 / 곤지곤지 곤지곤지 / 좋은 엄마 되려무나 / 좋은 아빠 되려무나

제6훈 섬마섬마(西摩西摩)

어느새 다리에 힘이 생긴 아기가 엄마와 두 손을 잡고 한 발짝 두 발짝 걸음마를 하는 동작으로 '따로따로'라고도 한다. 의미로는 홀로서기 자주독립을 하라는 뜻이다.

섬마섬마 섬마섬마 / 방실방실 우리 아기
잡지 않고 바로 서네 / 따로따로 따로따로
혼자서도 잘도 걷네 / 하늘 떠받칠 기둥 되겠네

제7훈 업비업비(業非業非)

아기에게 해서는 안 되는 일을 말할 때 '에비에비' 겁을 주며 무서움을 가르친다. 자연 이치와 섭리에 맞지 않는 생활을 하면 벌을 받게 될 것이라는 뜻이다.

에비에비 넘어질라 / 에비에비 다칠라
에비에비 사이좋게 놀아야지 / 우리 아기 착한 아기
우리 아기 튼튼 아기 / 벌써 벌써 다 컸네

제8훈 아함아함(亞含亞含)

손바닥으로 입을 막으며 소리 내는 동작이다. 의미는 천지 좌우의 형국을 내 가슴 속에 모신다는 뜻이다.

아함아함 나무를 품어라 / 아함아함 하늘을 머금어라
세상이 아기 몸에 다 드네 / 우리 아기 온 누리네 / 우리 아기 잘도 하네

제9훈 작작궁 작작궁(作作弓作作弓)

양 손바닥을 마주치며 소리 내는 동작으로 일명 '짝짜꿍' 놀이이다. 손뼉을 치며 기쁘게 노래하고 춤추자는 뜻이다

짝짜꿍 짝짜꿍 / 손뼉 치고 춤을 추어라 / 하나를 가르치니 열을 아네
열을 가르치니 백을 아네 / 짝짜꿍 짝짜꿍 / 우리 아기 잘도 하네

♬♪ 제10훈 질라아비훨훨의

'질라아비훨훨의'는 나팔을 불며 춤추는 동작이다. 천지 우주의 모든 이치를 깨달았으니 땅의 기운을 받아 태어난 몸이 활활(훨훨) 잘 자라도록 즐겁게 살자는 뜻이다.

질라아비훨훨의 질라아비훨훨의
두 팔을 크게 벌려 훨훨 / 가슴을 활짝 펴고 훨훨
하늘 끝까지 날아라 / 질라아비훨훨의 질라아비훨훨의

영유아는 다음과 같은 기본 동작을 통하여 끊임없이 자신의 느낌과 생각을 표현하게 된다. 공간을 이동하며[공유공간] 움직이는 활동[이동 움직임]과 개인 공간[자기공간]에서 팔과 다리를 뻗어서 온몸을 움직이는 활동[비이동 움직임], 주변에 있는 도구들을 조작하며 움직이는 활동[조작 움직임]의 종류는 다음과 같다.

〈표 8-1〉 기본 동작의 유형

	이동 동작	비이동 동작	조작적 동작
동작 내용	• 엎드려 기기(crawling) • 무릎으로 기기(creeping) • 걷기(walking) • 달리기(running) • 뛰기(jumping) • 뛰어넘기(leaping) • 말 뛰기(galloping) • 앙감질(hopping) • 미끄러지기(sliding) • 스키핑(skipping) • 기어오르기(climbing)	• 뻗기(stretching) • 굽히기(bending) • 앉기(sitting) • 떨기(vibrating) • 회전하기(turning) • 흔들기(roch and sway) • 흔들거리기(swing) • 꼬기(twisting) • 피하기(dodging) • 떨어지기(falling) • 구르기(rolling) • 무게중심 옮기기 (transferring weight) • 균형 맞추기(balancing)	• 당기기(pulling) • 밀기(pushing) • 들어 올리기(lifting) • 치기(striking) • 던지기(throwing) • 차기(kicking) • 공굴리기(ball rolling) • 공 되받아치기(volleying) • 공 튀기기(bouncing) • 잡기(catching) • 드리블(dribbling)

기본 동작은 활동 자체만으로도 음률 움직임이 되고 춤이 된다. 또한, 대상이 되어 활동하는 가상 움직임은 상황과 맥락 속에서 풍부한 상상력과 창의적 사고를 증진시키며 마음껏 음악을 감상하고 표현하며 탐색하는 융합 놀이로 발전된다. 인간의 발달 과정은 교육에 대한 관심보다 항상 앞서 있기에 영유아의 신체 반응을 유심히 관찰해 보면 영유아 개개인의 관심과 흥미에 대한 현재 수준을 읽어 낼 수 있다. 지금 – 여기에서의 교육내용과 방법이 무엇인가에 대하여 자연스러운 안내를 받게 되는 것이다.

다음의 두 가지 수업 상황을 생각해 보자. 음악을 지적으로 받아들이기 이전에 감각적으로 받아들이는 신체 움직임을 통해 음악적 지각 능력, 리듬 감각, 청각 능력의 발달과 음악적 창의력이 신장되는데, 이는 곧 몸의 지각, 몸의 언어, 몸의 표상에 유능한 영유아의 타고난 본성으로 인하여 가능해지는 것이다.

조용하고 부드러운 분위기의 음악을 들으면서 양옆으로 미끄러지듯이 흔드는 몸의 반응을 보며 교사가 옆에서 조금씩 따라 하는 상황을 생각해 보자. 선생님이 유아 자신의 반응을 함께 즐기고 있음을 알아차리는 순간, 유아가 자신의 생각과 느낌을 말로 표현하면서 후속 활동을 이끌어 내고 제안하는 유능한 놀이 상황을 교사들은 현장에서 수없이 많이 경험한다. "나는 송어예요. 물속을 헤엄치고 있어요. 선생님, 파도 할래요? 좀 살랑살랑 조금씩만 치는 파도를 만들어 주면…. 아! 저기 파랑 스카프로요.", "좀 파도가 세면 좋겠는데", "다시 음악을 골라 볼게요."

음악과 몸의 활동이 자연스럽게 융합되는 상황에서 유아들의 표상은 깊어지며 교사와 유아 간, 유아와 유아 간의 교감 속에 탐색과 발견, 상상이 일어나면서 수많은 생각이 펼쳐진다. 이것이 영유아 중심의 교육이자, 영유아가 주도하는 놀이이다.

반면, 교사가 영유아 삶의 여정에서 동행하는 자의 역할에 대한 이해가 미흡한 경우 "음악을 들어 봐. 음악을 들으니 어떤 느낌이 드니?" 같이 발문할 수 있다. 자기 생각과 느낌을 언어로 표현하기를 곤혹스러워하거나 제한된 몇 마디로 애매하게 답한 후 만족스럽지 못해 어정쩡하고 어색한 표정의 영유아와 마주하게 되고, 수업을 어떻게 매끄럽게 진행해 나가야 할지 몰라 순간 당황하였다는 예비교사의 고충은 당시 상황과 맥락에서 유아가 가장 표상해 내기를 원하는 활동이 무엇인지에 대한 심리적 요구를 읽어 내지 못함에서 비롯된 것일 수 있다.

스위스 음악교육가인 달크로즈Dalcroze, 1865~1950는 인간은 태어날 때부터 신체적으로 음악적 리듬을 타고난다고 하였으며, 인간 개개인의 타고난 음악적 리듬과 음악적 잠재능력을 최대로 발달시키기 위해서는 음악과 신체 움직임이 자연스럽게 연계되어 통합적으로 진행되는 경험이 제공되어야 한다고 하였다. 즉, 신체 활동은 음악에 대한 생각을 열고 소통하는 첫 관문이므로 가장 자연스러운 표상을 이끄는 최적의 방식이다. 영유아 자신이 듣고 느낀 음악과 몸의 활동이 조화를 이루게 되면 깊은 감상이 가능해지고 다양한 탐색과 표현이 발현된다. 이때 상상력과 창의적 사고는 풍부해지며 집중력 또한 증진된다. 곧 흥미진진한 놀이 상황이 펼쳐지게 되는 것이다.

활동 8-1

다음에 제시된 활동에서 보인 유아의 신체 반응과 요구를 생각해 보고, 수업목표 설정, 도입 – 전개 – 마무리 단계의 활동을 구상한 후 서로 나누어 봅시다.

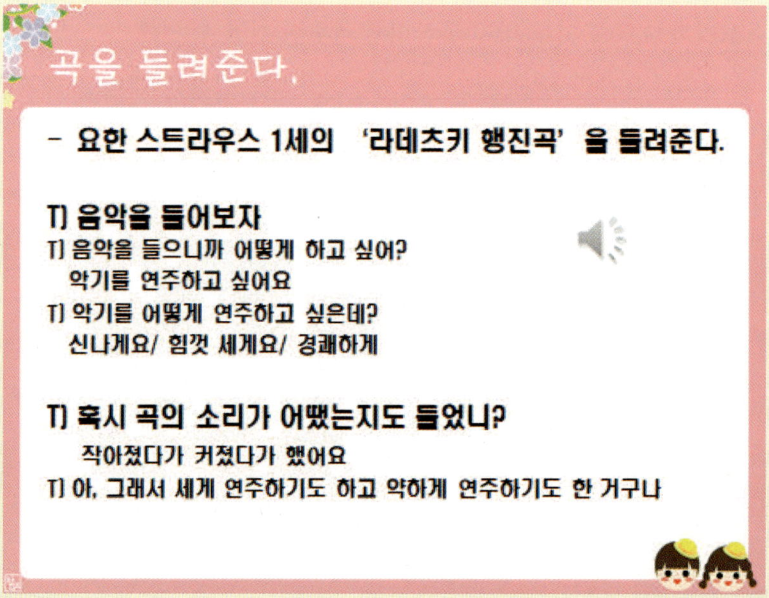
곡을 들려준다.
- 요한 스트라우스 1세의 '라데츠키 행진곡' 을 들려준다.
T) 음악을 들어보자
T) 음악을 들으니까 어떻게 하고 싶어?
악기를 연주하고 싶어요
T) 악기를 어떻게 연주하고 싶은데?
신나게요/ 힘껏 세게요/ 경쾌하게
T) 혹시 곡의 소리가 어땠는지도 들었니?
작아졌다가 커졌다가 했어요
T) 아, 그래서 세게 연주하기도 하고 약하게 연주하기도 한 거구나

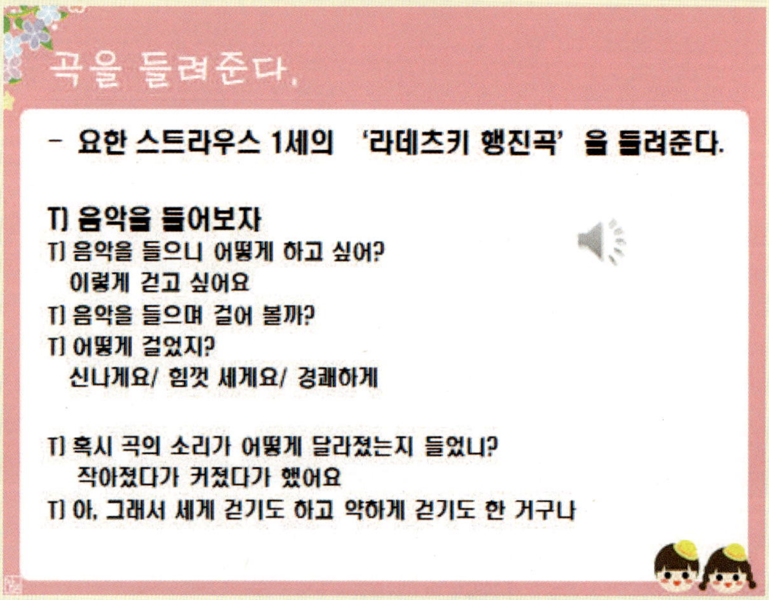
곡을 들려준다.
- 요한 스트라우스 1세의 '라데츠키 행진곡' 을 들려준다.
T) 음악을 들어보자
T) 음악을 들으니 어떻게 하고 싶어?
이렇게 걷고 싶어요
T) 음악을 들으며 걸어 볼까?
T) 어떻게 걸었지?
신나게요/ 힘껏 세게요/ 경쾌하게
T) 혹시 곡의 소리가 어떻게 달라졌는지 들었니?
작아졌다가 커졌다가 했어요
T) 아, 그래서 세게 걷기도 하고 약하게 걷기도 한 거구나

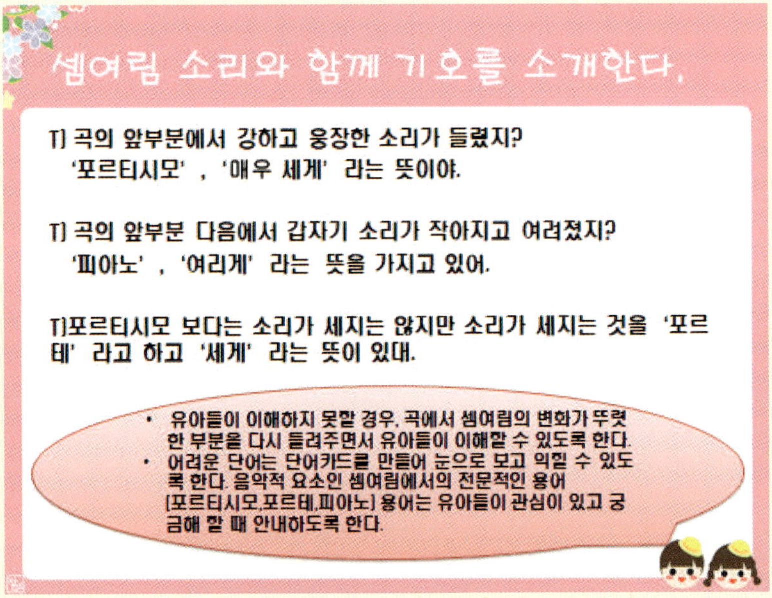
셈여림 소리와 함께 기호를 소개한다.
T] 곡의 앞부분에서 강하고 웅장한 소리가 들렸지?
'포르티시모' , '매우 세게' 라는 뜻이야.
T] 곡의 앞부분 다음에서 갑자기 소리가 작아지고 여려졌지?
'피아노' , '여리게' 라는 뜻을 가지고 있어.
T]포르티시모 보다는 소리가 세지는 않지만 소리가 세지는 것을 '포르테' 라고 하고 '세게' 라는 뜻이 있대.
• 유아들이 이해하지 못할 경우, 곡에서 셈여림의 변화가 뚜렷한 부분을 다시 들려주면서 유아들이 이해할 수 있도록 한다.
• 어려운 단어는 단어카드를 만들어 눈으로 보고 익힐 수 있도록 한다. 음악적 요소인 셈여림에서의 전문적인 용어 [포르티시모,포르테,피아노] 용어는 유아들이 관심이 있고 궁금해 할 때 안내하도록 한다.

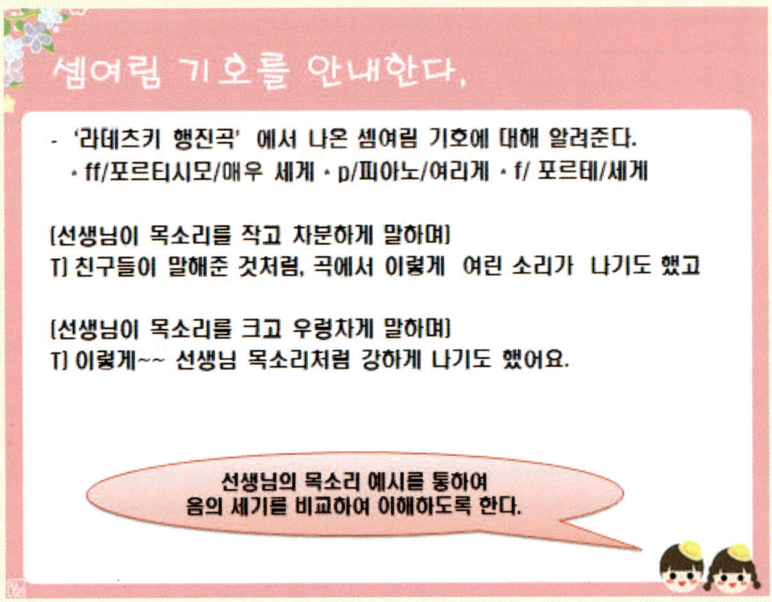
셈여림 기호를 안내한다.
- '라데츠키 행진곡' 에서 나온 셈여림 기호에 대해 알려준다.
• ff/포르티시모/매우 세게 • p/피아노/여리게 • f/ 포르테/세게
[선생님이 목소리를 작고 차분하게 말하며]
T] 친구들이 말해준 것처럼, 곡에서 이렇게 여린 소리가 나기도 했고
[선생님이 목소리를 크고 우렁차게 말하며]
T] 이렇게~~ 선생님 목소리처럼 강하게 나기도 했어요.
선생님의 목소리 예시를 통하여
음의 세기를 비교하여 이해하도록 한다.

출처: 배유정(2018. 9).

노래 부르기 활동과 신체 활동을 융합한 활동 계획안을 제시하면 다음과 같다. 노래 부르기 활동인 1차 활동계획에서부터 '생각 모으기'를 통하여 신체 활동을 융합한 3차 활동계획에 이르는 전 과정을 제시한다.

활동 8-2 | 1차 활동계획안

<table>
<tr><td colspan="2">생활 주제</td><td>동식물과 자연</td><td>주제</td><td colspan="3">동물의 생활</td></tr>
<tr><td colspan="2">소주제</td><td>산토끼의 생활</td><td>활동 형태</td><td>대집단</td><td>활동 영역</td><td>음악 활동</td></tr>
<tr><td colspan="2">활동명</td><td>산토끼의 겨울나기</td><td>소요시간</td><td>약 20분</td><td>대상 연령</td><td>만 5세</td></tr>
<tr><td colspan="2">활동 목표</td><td colspan="5">• 동물들의 생활 특성에 대해 안다.
• 노래를 감상하고 느낌과 생각을 말한다.
• 선율과 박자에 따라 노래를 부를 수 있다.
• 노랫소리에 관심을 갖고 즐겁게 노래 부른다.</td></tr>
<tr><td colspan="2">누리과정 관련 요소</td><td colspan="5">• 예술경험 〉 예술적 표현하기 〉 음악으로 표현하기
• 의사소통 〉 말하기 〉 느낌, 생각, 경험 말하기
• 자연탐구 〉 과학적 탐구하기 〉 생명체와 자연환경 알아보기</td></tr>
<tr><td colspan="2">음악 관련 요소</td><td colspan="5">• 선율, 노랫말, 리듬</td></tr>
<tr><td colspan="2">교육과정 관련 요소</td><td colspan="5">• 새 노래 배우기, 노래 부르기, 음악 감상하기</td></tr>
<tr><td colspan="2">활동 자료</td><td colspan="5">• 노랫말 카드, 그림 카드</td></tr>
<tr><td rowspan="3">활동 개요</td><td>도입</td><td colspan="5">• 사전 활동으로 간 생태 학습원에서 본 토끼를 떠올린다.
• 토끼와 관련된 이야기(동화)와 노래를 들어 본다.</td></tr>
<tr><td>전개</td><td colspan="5">• 음악을 듣고 노랫말이 있는 노래와 없는 노래의 차이점에 대해 이야기를 나누어 본다.
• 한 글자로 부르며 노래의 음과 선율을 익힌 후 전체 노랫말을 보며 부른다.
• 1절, 2절을 문답 형식으로 나누어 부른다.</td></tr>
<tr><td>마무리</td><td colspan="5">• 노래를 부르고 난 후 느낌에 대해 이야기를 나누어 본다.
• 연관된 활동으로 확장해 본다.</td></tr>
<tr><td colspan="2">사전 활동</td><td colspan="5">• 생태 학습원에 갔다 온다.</td></tr>
</table>

<table>
<tr><th>전개 방법</th><th>활동 내용</th><th>유의점 및 준비물</th></tr>
<tr><td>도입</td><td>① 토끼의 생김새에 대해 이야기 나눈다.
T 얘들아, 우리 어제 어디에 다녀왔지? 그곳에서 무엇을 보았지?
C 토끼요./사슴이요.
T 그렇지. 많은 동물을 봤지. 그중 토끼랑 ○○와 관련된 이야기가 있대. 한번 들어 보자.

② 음악동화를 들려준다. (동화를 들려준다.)
곰 토끼야 토끼야, 산속에 사는 토끼야. 나는 동굴마을에서 사는 곰이야. 나는 겨울잠을 자는데, 네가 겨울잠을 자지 않는다는 소문을 듣고 찾아왔어. 너는 겨울에 잠을 자지 않으면 무얼 먹고 사니.
토끼 반가워, 곰아. 나는 말이야. 겨울이 되어도 걱정이 없어. 엄마와 아빠가 여름 동안 모아 놓은 먹이가 얼마든지 있어.
곰 그렇구나. 나도 먹이를 모으러 가봐야겠다. 안녕!

T 동화 내용을 잘 들었니? 이 동화 속에는 누가 나왔어?
C 산토끼요.
T 토끼는 겨울이 되면 무엇을 먹고 산대?
C 먹이요.
T 겨울에 먹이를 어떻게 구할까?
C 엄마, 아빠가 모아 놓았대요.
T 토끼랑 곰이 했던 말 중에 어떤 말이 기억에 남아?
C '무얼 먹고 사느냐'요./'걱정이 없단다'요.
T 그렇구나. 우리가 들었던 이야기 속 내용이 담긴 노래가 있대. 노래를 들어 보자.</td><td></td></tr>
<tr><td>전개</td><td>③ 교사가 노래 전체를 들려준다.
T 이 곡의 제목을 뭐라고 붙여 주면 좋을까?
C '토끼'요./'겨울'이요.
T '토끼', '겨울'이라는 제목을 생각했구나. 이 노래를 만든 선생님은 제목을 '산토끼야'라고 지으셨대. 노래로 들어 보니 어땠어?
C 서로 얘기하는 것 같았어요./먹이가 얼마든지 있대요.
T 서로 얘기하는 듯한 느낌이 들었구나. 아까 선생님이 노래를 불렀잖아. 이번에는 피아노 소리만 들어 보자.
C 네.</td><td>노랫말 카드, 그림 카드</td></tr>
</table>

전개 방법	활동 내용	유의점 및 준비물
전개	T 피아노 소리로만 '산토끼야' 노래를 들어 보니까 어떤 것 같아? 느낌이 어땠는지 말해 줄 친구 있을까? C 저요. T ○○ 친구가 말해 보자. C 아까는 □□□했는데, 지금은 □□□이요. T ○○ 친구는 □□□하게 다른 걸 느꼈구나. **④ 한 글자로 불러 본다.** T 이번에는 피아노 소리를 들으면서 한 글자로 '산토끼야'를 불러 볼까? 어떤 글자를 넣어서 불러 보면 좋을까? C '빵'이요./'루'요. T 그러면 '빵'으로 먼저 불러 보고, 그다음에 '루'로 불러 보도록 하자. **⑤ 가사판을 보며 노래를 불러 본다.** T 이번에는 노랫말을 보면서 불러 볼 건데, 선생님이 노랫말을 붙일 때마다 선생님을 따라서 읽어 보자. (노랫말을 붙이면서 읽어 준다.) C 네. **⑥ 노랫말을 지원해 주며 노래를 불러 본다.** T 선생님과 노랫말을 넣어서 노래를 같이 불러 보자. T 노랫말 중에서 가장 기억에 남는 말이 있었어? C '무엇을 먹고 사느냐, 토끼야'요. T 친구들이 말한 부분들을 어떻게 하면 더 재미있게 부를 수 있을까? C 박수를 쳐요./크게 불러요. T 그 부분은 박수 치면서 불러 보자. (좀 더 크게 부른다.) T 이번에는 토끼가 대답하는 노랫말로 불러 볼 거야. 아까처럼 노랫말을 붙여 줄 테니까 같이 불러 볼까? C 네. T 어려웠을 텐데 모두 잘 부르는구나. 우리가 들었던 이야기처럼 곰과 토끼로 나누어 노래를 불러 볼까? **⑦ 문답 형식으로 노래를 불러 본다.** T 앞에 있는 의자를 중심으로 왼쪽에 있는 친구들은 동화 속에서 곰이 토끼한테 물어봤던 부분을 부르고, 오른쪽에 있는 친구들은 토끼가 대답한 부분을 불러 보자.	

전개 방법	활동 내용	유의점 및 준비물
전개	C 네. T 이번에는 서로 바꿔서 불러 볼까? T 친구들과 함께 노래해 보니까 어땠어? C 이야기하는 것 같았어요./재미있어요.	
마무리	**⑧ 노래 부르기에 대한 느낌을 이야기한다.** T 노래를 불러 보면서 어떤 부분이 재미있었어? C '무얼 먹고 사느냐'/'맛있는 먹이가' 부분이 재미있었어요. T 그 부분을 어떤 방법으로 부르면 더 재미있을 것 같아? C 율동으로 해 봐요. T 그래, 다음에는 율동으로 표현해 보자. T '산토끼야'를 불러 봤는데, 어떤 모습이 떠올랐어? C 여름에 먹이를 구하는 엄마 토끼요./흰 눈 속에 있는 토끼요. T 여름에 먹이를 구하는 엄마 토끼, 흰 눈 속에 있는 토끼를 생각할 수 있었구나. 그렇다면 토끼는 겨울에 어디서 지낼까? C 땅속이요./굴이요. T 토끼들은 무서운 적들이 들어오지 못하게 좁고 구불구불한 굴을 파고 산대. 자유선택 활동 시간에 친구들이 생각하는 토끼굴은 어떤 곳일지 그려 보는 시간을 가져 보도록 하자.	
유의점	• 노래의 분위기를 교사가 표정, 목소리 등을 통하여 유아들에게 잘 전달되도록 한다. • 노래를 듣고 유아가 자신의 느낌 등을 자유롭게 표현할 수 있도록 유도한다.	
확장 활동	• 자유선택 활동 시간에 미술 영역에서 토끼굴을 그려 보고 만든다.	

생각 모으기

♫ 도입

• 처음에 이야기를 각색해서 들려준다. ☞ 1 · 2절 모두 구성
 – 이야기 재미있게 살리기, 동화 매체 살리기

- [이야기 장면 1] 토끼가 뛰어노는 장면
  - 토끼가 깡충깡충 뛰어놀고 있었어요. 토끼는 이쪽저쪽으로, 산 위아래로 분주하게 뛰어다니며 여러 동물과도 놀았어요. 그 모습을 보고 동물들이 궁금해졌어요.
- [이야기 장면 2] 토끼야, 궁금해 ☞ 이때 흰 눈이 계속 내리는 매체 구성(아세테이트지로 흰 눈이 내리는 배경 구성)
  - 동물들이 토끼한테 질문) 토끼야, 너는 흰 눈이 펄펄 내리는 겨울이 되면 어떻게 살아? 뭘 먹고 살아? 어느 집에서 살아? 뭘 입고 살아? ☞ 아이들에게 배역을 줄 수 있게 구성
- [이야기 장면 3] 난 걱정 없어
  - 토끼의 대답) 나는 걱정이 없어. 우리 엄마하고 우리 아빠하고 열심히 모아 놓은 먹이가 있거든. 빵도 있지, 시금치도 있지, 밥도 있지, 고기도 있지. 이렇게 모아 놓은 먹이가 얼마든지 있단다.
- 동화 매체
  - 그림동화 또는 테이블 동화 등 어떠한 형태로든 동화와 동화 매체 살리기 ☞ 동선이 나올 수 있게 제작
- 이야기를 다시 음미해 보고 이야기를 극으로 전개한다.
- '흰 눈이 펄펄 내리는 겨울이 되면'은 반복하여 운율 맞춘다.

♬ 전개

- 극놀이의 대사는 간단하게 각색한다.
- '이런 이야기를 담은 노래가 있대'라고 말한 후 노래 1·2절 다 들려주고 부르기, 문답 노래 부르기를 한다.

♬ 마무리

- 흰 눈이 펄펄 내리는 겨울에는 토끼가 어디에 사는지 뒷이야기를 들어 본다.
  - 토끼: 나는 흰 눈이 펄펄 내리는 겨울이 되어도 걱정이 없어. 우리 엄마, 아빠가 이렇게 집을 만들어 놓으셨거든. 어떤 집이냐고? 내가 보여 줄게. (땅굴 그림 한 장면)
    흰 눈이 펄펄 내리는 겨울이 되면 춥기 때문에 엄마, 아빠가 생각을 열심히 해서 땅속에 깊은 굴을 만들어서 따뜻하게 지낼 수 있게 집을 만들어 놓으셨거든.
- 이런 이야기로 '겨울이 되어도 걱정이 없단다. 엄마가 아빠가' 부분 다음에 어떻게 노랫말을 만들어서 노래를 부르면 좋을지 생각해 본다.

활동 8-3 | 2차 활동계획안

<table>
<tr><td>생활 주제</td><td>동식물과 자연</td><td>주제</td><td colspan="3">동물의 생활</td></tr>
<tr><td>소주제</td><td>산토끼의 생활</td><td>활동 형태</td><td>대집단</td><td>활동 영역</td><td>음악 활동</td></tr>
<tr><td>활동명</td><td>산토끼야 궁금해!</td><td>소요시간</td><td>약 20분</td><td>대상 연령</td><td>만 5세</td></tr>
<tr><td>활동 목표</td><td colspan="5">• 이야기를 감상하고 극놀이로 표현한다.
• 상황과 정서를 살려서 즐겁게 노래 부른다.
• 계절에 따른 토끼의 생활 특성에 대해 이해한다.</td></tr>
<tr><td>누리과정 관련 요소</td><td colspan="5">• 예술경험 〉 예술적 표현하기 〉 극놀이로 표현하기 〉 경험이나 이야기를 극놀이로 표현한다.
• 예술경험 〉 예술적 표현하기 〉 노래로 자신의 생각과 느낌을 표현한다.
• 자연탐구 〉 과학적 탐구하기 〉 생명체와 자연환경 알아보기 〉 생명체의 소중함을 알고 생명체가 살아가기에 좋은 환경에 대해 알아본다.</td></tr>
<tr><td>음악 관련 요소</td><td colspan="5">• 리듬, 선율, 박자</td></tr>
<tr><td>교육과정 관련 요소</td><td colspan="5">• 이야기 듣고 이해하기, 새 노래 배우기, 극으로 표현하기</td></tr>
<tr><td>활동 자료</td><td colspan="5">• 동화 배경 자료, 막대인형, 토끼굴 그림 카드</td></tr>
<tr><td rowspan="3">활동 개요</td><td>도입</td><td colspan="4">• 토끼와 관련된 이야기(동화)를 들어 본다.
• 이야기의 내용을 회상하며 이야기를 나누어 본다.</td></tr>
<tr><td>전개</td><td colspan="4">• 이야기를 극으로 바꾸어 극 활동을 한다.
• 선율과 이야기를 함께 듣는다.
• 1절을 듣고 2절의 이야기를 예측해 본다
• 1절, 2절을 문답 형식으로 나누어 부른다.</td></tr>
<tr><td>마무리</td><td colspan="4">• 토끼의 서식지에 대해 관심을 가진다.
• 이야기를 이용하여 확장 활동으로 넘어간다.</td></tr>
<tr><td>사전 활동</td><td colspan="5">• 생태 학습원 견학</td></tr>
</table>

전개 방법	활동 내용	유의점 및 준비물
도입	토끼가 숲속에서 깡충깡충 뛰어놀고 있었어요. 토끼는 이쪽저쪽으로 산 위쪽, 아래쪽, 이리저리 뛰어놀면서 다람쥐, 종달새, 두더지와도 놀았어요.	

전개 방법	활동 내용	유의점 및 준비물
도입	그런데 다람쥐, 종달새, 두더지는 토끼가 깡충깡충 뛰어노는 모습을 보고 문득 궁금해졌어요. **다람쥐** 토끼야, 궁금해. 흰 눈이 펄펄 내리는 추운 겨울이 되면 뭘 먹고 살아? **토끼** 우리 엄마하고 아빠하고 여름 동안 열심히 모아 놓은 먹이가 있어. 이것 봐 여기 당근도 있지, 시금치도 있지, 풀도 있지. **종달새** 토끼야, 궁금해. 흰 눈이 펄펄 내리는 추운 겨울이 되면 어느 집에서 살아? **토끼** 겨울이 되면 춥잖아. 그래서 나는 땅속 깊은 굴에서 살아. 우리 엄마하고 우리 아빠하고 땅 깊은 곳에 굴을 만들어서 굴속에서 지내. 굴속은 말이야, 아주 아늑하고 따뜻하단다. **두더지** 토끼야 궁금해, 흰 눈이 펄펄 내리는 추운 겨울이 되면 무슨 옷을 입고 살아? **토끼** 흰 눈이 펄펄 내리는 추운 겨울이 되어도 나는 춥지 않아. 내 몸에서는 털이 더 많이 자라거든. 이렇게 따뜻한 털옷을 입고 있으면 아무리 추운 겨울이 와도 걱정이 없어. **다람쥐, 종달새, 두더지** 토끼야, 너는 흰 눈이 펄펄 내리는 추운 겨울이 되어도 아무 걱정이 없겠구나. T 동화 내용을 잘 들었니? 이 동화 속에는 누가 나왔어? C 다람쥐요./종달새요./토끼요./두더지요. T 다람쥐, 종달새, 토끼, 두더지가 무엇을 하고 있었지? C 깡충깡충 뛰어놀고 있었어요. T 토끼는 흰 눈이 펄펄 내리는 추운 겨울이 되면 무엇을 먹고 산대? C 당근./시금치./풀이요. T 토끼는 어떤 집에서 산대? C 굴에서 산대요.	

전개 방법	활동 내용	유의점 및 준비물
전개	T 우리 방금 이야기 속에 나왔던 동물들이 되어 보자. C 네. T 우리가 어떤 동물들이 되어 볼 수 있을까? C 토끼, 다람쥐, 종달새, 두더지요. T 토끼가 흰 눈이 펄펄 내리는 추운 겨울이 되면 뭘 먹고 사는지 물어본 동물은 누가 있었지? C 다람쥐요. T 다람쥐가 되어 보고 싶은 친구 있어? C 저요. T 그럼 ○○이는 다람쥐가 되어서 물어보도록 하자. C 네. T 흰 눈이 펄펄 내리는 추운 겨울이 되면 토끼가 어느 집에 사는지 물어본 동물은 누가 있을까? C 종달새요. T 종달새가 되어 보고 싶은 친구 있어? C 저요. T ○○이가 종달새의 흉내 내어 보며 물어보도록 하자. C 네. T 흰 눈이 펄펄 내리는 추운 겨울이 되면 토끼가 어떤 옷을 입는지 물어본 동물은 누가 있을까? C 두더지요. T 두더지가 되어 보고 싶은 친구 있어? C 저요. T ○○이는 두더지가 되어서 물어보도록 하자. C 네. T 친구들의 궁금한 점을 이야기해 줄 토끼가 되어 보고 싶은 친구 있어? C 저요. T ○○이 토끼가 되어 보도록 하자. C 네. T 우리 다 같이 어떤 이야기를 해 볼 수 있을까? 계속해서 '흰 눈이 펄펄 내리는 추운 겨울이 되면'이라고 얘기하고 있지. 선생님이 들고 있는 악기의 소리가 나면 우리 같이 이 부분을 큰 소리로 말해 보자. C 네.	

전개 방법	활동 내용	유의점 및 준비물
전개	T·C 흰 눈이 펄펄 내리는 추운 겨울이 되면…. C1 너는 뭘 먹고 살아? C(토끼) 나는 당근, 시금치, 풀을 먹고 살아. T·C 흰 눈이 펄펄 내리는 추운 겨울이 되면…. C2 너는 어디에 살아? C(토끼) 나는 땅굴 속에 살아. T·C 흰 눈이 펄펄 내리는 추운 겨울이 되면…. C3 너는 뭘 입고 살아? C(토끼) 나는 털옷을 입고 살아. T 친구들이 다람쥐, 두더지, 종달새, 토끼 등이 되어 보았는데 두더지 친구의 표현은 어땠어? C 목소리가 낮았어요./흙을 파는 것 같았어요. T 두더지를 표현한 ○○이는 □□ 같았구나. 다람쥐가 되어 본 친구의 몸짓은 어땠어? C 도토리를 먹는 것 같았어요. T 다람쥐를 표현한 ○○이는 □□ 같았구나. 종달새가 되어 본 친구의 표현은 어땠어? C 날아다니는 것 같았어요. T 종달새를 표현한 ○○이는 □□ 같았구나. 토끼가 되어 본 친구의 표현은 어땠어? C 토끼처럼 뛰는 것 같았어요. T 친구들이 정말 잘 표현해 주었지. 방금 이 이야기가 담긴 노래가 있대. 한번 들어 보자. C 네. (교사는 피아노로 선율을 연주하면서 이야기를 읽듯이 노랫말을 읊조린다.) T 이번에는 선생님이 이 이야기를 노래로 불러 볼게. C 네. (교사가 노래를 부른다.) T 이번에는 선생님과 함께 불러 보자. C 네. (노래를 부른다. 노랫말을 지원한다.) T '토끼야, 추운 겨울에 넌 뭘 먹고 살아.' 하고 물어봤는데 토끼가 뭐라고 대답했을까?	

전개 방법	활동 내용	유의점 및 준비물
전개	C 모르겠어요. T 선생님이 토끼가 대답한 걸 노래로 불러 볼게. C 네. T 우리 토끼가 대답한 이야기를 같이 노래를 불러 보자. 선생님이 노랫말을 도와줄게. (노래를 부를 때 노랫말 지원한다.) C 네. T 토끼가 아까 뭐라고 대답했어? C 엄마, 아빠가 여름에 모아 둔 먹이가 있대요. T 그래. 엄마, 아빠가 여름에 모아 둔 먹이가 있다 그랬지. 이제 1절과 2절을 나누어서 불러 보자. 어떻게 나누어서 부르면 좋을까? C 첫 번째 줄, 두 번째 줄 나누어서 해요. T 첫 번째 줄에 앉아 있는 친구들은 토끼한테 물어보는 부분을 불러 보고, 두 번째 줄에 앉아 있는 친구들은 토끼한테 대답하는 부분을 불러 보자. T 선생님이 노랫말을 도와줄게. (유아가 노래를 부를 때 노랫말을 지원한다.) T 첫 번째 줄, 두 번째 줄에 있는 친구들 모두 정말 잘 불러 보고 잘 대답해 주었구나. '토끼야, 흰 눈이 펄펄 내리는 추운 겨울이 되면 뭘 먹고 살아.'라고 물어보았는데 토끼는 겨울이 되어도 엄마, 아빠가 여름 동안 모아 놓은 맛있는 먹이가 얼마든지 있다고 대답했구나. 노래에는 토끼한테 물어보는 부분과 토끼가 대답하는 부분이 있었는데, 이렇게 물어보고 대답하는 노래도 있었구나.	
마무리	T 그런데 또 궁금해. 종달새가 무엇을 궁금해했더라? C '흰 눈이 펄펄 내리는 추운 겨울이 되면 토끼야 어디서 살아?' 이렇게 종달새가 물어봤어요. T 그랬더니 토끼가 뭐라고 그랬어? C '겨울에 춥기 때문에 땅속에 깊은 굴에서 살아.' 이랬어요. T 그러면 선생님이 종달새가 되고 너희들이 토끼가 되어서 답해 보자. 선생님이 물어볼게. C 네.	

전개 방법	활동 내용	유의점 및 준비물
마무리	T 토끼야 토끼야, 산속의 토끼야. 겨울이 되면 어디에서 사느냐? 흰 눈이 내리면 어디에서 사느냐? T·C (노랫말 지원하며) 자, 다 같이 '겨울이 되어도 걱정이 없단다. 엄마가 아빠가 여름 동안 지어 놓은…' (아이들에게 귀 대고 경청 제스처) C 구불구불 땅굴이 얼마든지 있단다. T 뭐라고? 뭐라고 노래했어? 내일 우리가 이 이야기를 노래로 불러 보자. C 네.	
유의점	• 교사는 표정, 목소리 등을 통하여 노래의 분위기가 유아들에게 잘 전달되도록 한다. • 노래를 듣고 유아가 자신의 느낌 등을 자유롭게 표현할 수 있도록 유도한다.	
확장 활동	• '산토끼야'의 일부분을 개사하여 노래 부른다.	

생각 모으기

♫ 도입

- 운을 살려서 '흰 눈이 펄펄 내리는 추운 겨울이 되면'으로 음악적 요소를 살린다.
- '뭘 먹고 살아?'보다는 '무엇을 먹고 살아?'로, '어느 집에서 살아?'보다는 '집이 따로 있어?'라는 질문으로 토끼가 땅속에 있는 굴에 사는 데 대해 자연스럽게 관심을 갖도록 한다.
- 모든 동물이 등장할 수 있는 교구를 준비한다.

♫ 전개

- '우리 방금 이야기 속에 나온 동물들이 되어 보자.'라며 극놀이를 제안한다.
- 주인공인 토끼 역할은 마지막에 정해 준다.

- '역할을 맡지 않은 친구들'이라고 하지 않고, "우리 다 같이 어떤 이야기를 해 볼 수 있을까? 계속해서 '흰 눈이 펄펄 내리는 추운 겨울이 되면'이라고 얘기하고 있지. 선생님이 들고 있는 악기의 소리가 나면 우리 같이 이 부분을 큰 소리로 말해 보자."라고 하면서 역할을 맡지 않은 유아들과도 상호작용한다.
- 극놀이 후 몸짓, 걸음걸이, 목소리를 구체적으로 칭찬하고 격려한다.
- 선율과 함께 교사가 '산토끼야'의 가사를 이야기한다.
  ☞ 교사 혼자 노래를 불러 보기 → 유아와 함께 노래 부르면서 교사는 노랫말 지원 → 2절 부르기 → 유아와 함께 노래 부르면서 교사는 노랫말 지원 → 유아와 함께 노랫말 나누기 → 문답 형식으로 진행하면서 노랫말 지원
- '정말 좋은 질문을 하고 대답도 잘하는구나.'라며 교사는 격려와 칭찬을 한다.

♬ **마무리**

- 유아들이 두더지가 되어 토끼한테 궁금한 점을 물어보며 2절 노랫말을 지원하면서 노랫말을 '여름 동안 지어 놓은'으로 바꿔서 불러 본다.
- 교사는 유아들이 불분명하게 말하는 부분에서는 경청하는 제스처로 '뭐라고 얘기했어?'라고 물으며 함께 노래 부른다.

활동 8-4 | 3차 활동계획안

<table>
<tr><td colspan="2">생활 주제</td><td>동식물과 자연</td><td>주제</td><td colspan="3">동물의 생활</td></tr>
<tr><td colspan="2">소주제</td><td>산토끼의 생활</td><td>활동 형태</td><td>대집단</td><td>활동 영역</td><td>음악 활동</td></tr>
<tr><td colspan="2">활동명</td><td>산토끼야 궁금해</td><td>소요시간</td><td>약 20분</td><td>대상 연령</td><td>만 5세</td></tr>
<tr><td colspan="2">활동 목표</td><td colspan="5">• 계절에 따른 토끼의 생태에 대해 이해한다.
• 곡의 정서를 살려서 즐겁게 노래 부른다.
• 이야기를 감상하고 극놀이로 표현한다.</td></tr>
<tr><td colspan="2">누리과정 관련 요소</td><td colspan="5">• 예술경험 〉 예술적 표현하기 〉 극놀이로 표현하기 〉 경험이나 이야기를 극놀이로 표현한다.
• 예술경험 〉 예술적 표현하기 〉 노래로 자신의 생각과 느낌을 표현한다.
• 자연탐구 〉 과학적 탐구하기 〉 생명체와 자연환경 알아보기 〉 생명체의 소중함을 알고 생명체가 살아가기에 좋은 환경에 대해 알아본다.</td></tr>
<tr><td colspan="2">음악 관련 요소</td><td colspan="5">• 리듬, 선율, 박자</td></tr>
<tr><td colspan="2">교육과정 관련 요소</td><td colspan="5">• 이야기 듣고 이해하기, 새 노래 배우기, 극으로 표현하기</td></tr>
<tr><td colspan="2">활동 자료</td><td colspan="5">• 동화 배경 자료, 막대인형, 토끼굴 그림 카드</td></tr>
<tr><td rowspan="3">활동 개요</td><td>도입</td><td colspan="5">• 토끼와 관련된 이야기(동화)를 들어 본다.
• 이야기의 내용을 회상하며 이야기를 나누어 본다.</td></tr>
<tr><td>전개</td><td colspan="5">• 이야기를 극으로 바꾸어 극 활동을 한다.
• 선율과 이야기를 함께 듣는다.
• 1절을 듣고 2절의 이야기를 예측해 본다
• 1절, 2절을 문답 형식으로 나누어 부른다.</td></tr>
<tr><td>마무리</td><td colspan="5">• 토끼의 서식지에 대해 관심을 가진다.
• 이야기를 이용하여 확장 활동을 계획한다.</td></tr>
<tr><td colspan="2">사전 활동</td><td colspan="5">• 생태 학습원을 견학한다.</td></tr>
<tr><td colspan="2">전개 방법</td><td colspan="4">활동 내용</td><td>유의점 및 준비물</td></tr>
<tr><td colspan="2">도입</td><td colspan="4">토끼가 숲속에서 깡충깡충 뛰어놀고 있었어요.
토끼는 이쪽저쪽으로 산 위쪽, 아래쪽, 이리저리 뛰어놀면서 다람쥐, 종달새, 두더지와도 놀았어요.</td><td></td></tr>
</table>

<table>
<tr><th>전개 방법</th><th>활동 내용</th><th>유의점 및 준비물</th></tr>
<tr><td>도입</td><td>그런데 다람쥐와 종달새와 두더지는 토끼가 깡충깡충 뛰어노는 모습을 보고 문득 궁금해졌어요.

다람쥐 토끼야, 궁금해. 흰 눈이 펄펄 내리는 추운 겨울이 되면 무엇을 먹고 살아?
토끼 우리 엄마하고 아빠하고 여름 동안 열심히 모아 놓은 먹이가 있어. 이것 봐 여기 당근도 있지, 시금치도 있지, 풀도 있지.
종달새 (자른 종이로 만든 눈을 뿌리며) 토끼야, 궁금해. 흰 눈이 펄펄 내리는 추운 겨울이 되면 어디에서 살아? 집이 따로 있어?
토끼 겨울이 되면 춥잖아. 그래서 나는 땅속 깊은 굴에서 살아. 우리 엄마하고 우리 아빠하고 땅 깊은 곳에 굴을 만들어서 굴속에서 지내. 굴속은 말이야, 아주 아늑하고 따뜻하단다.
두더지 토끼야, 궁금해. 흰 눈이 펄펄 내리는 추운 겨울이 되면 무슨 옷을 입고 살아?
토끼 흰 눈이 펄펄 내리는 추운 겨울이 되어도 난 춥지 않아. 내 몸에서는 털이 더 많이 자라거든. 이렇게 따뜻한 털옷을 입고 있으면 아무리 추운 겨울이 와도 걱정이 없어.
다람쥐, 종달새, 두더지 토끼야, 너는 흰 눈이 펄펄 내리는 추운 겨울이 되어도 아무 걱정이 없겠구나.

T 동화 속에 누가 나왔어?
C 다람쥐요! 종달새요! 토끼요! 두더지요!
T 다람쥐, 종달새, 토끼, 두더지가 무엇을 하고 있었지?
C 깡충깡충 뛰어놀고 있었어요.
T 토끼는 흰 눈이 펄펄 내리는 추운 겨울이 되면 무엇을 먹고 산대?
C 당근./시금치./풀이요.
T 토끼는 어떤 집에서 산대?
C 굴에서 산대요.</td><td></td></tr>
</table>

전개 방법	활동 내용	유의점 및 준비물
전개	T 우리 방금 이야기 속에 나왔던 동물들이 되어 보자. C 네. T 우리가 어떤 동물들이 되어 볼 수 있을까? C 토끼, 다람쥐, 종달새, 두더지요. T 토끼가 흰 눈이 펄펄 내리는 추운 겨울이 되면 무엇을 먹고 사는지 물어본 동물은 누가 있었지? C 다람쥐요. T 다람쥐가 되어 보고 싶은 친구? C 저요. T 그럼 ○○이는 다람쥐가 되어서 물어보도록 하자. C 네. T 흰 눈이 펄펄 내리는 추운 겨울이 되면 토끼가 어느 집에 사는지 물어본 동물은? C 종달새요. T 종달새가 되어 보고 싶은 친구? C 저요. T 그럼 ○○이가 종달새가 되어서 물어보도록 하자. C 네. T 흰 눈이 펄펄 내리는 추운 겨울이 되면 토끼가 어떤 옷을 입는지 물어본 동물은 누가 있을까? C 두더지요. T 두더지가 되어 보고 싶은 친구? C 저요. T 그럼 ○○이는 두더지가 되어서 물어보도록 하자. C 네. T 친구들의 궁금한 점을 이야기해 줄 토끼가 되어 보고 싶은 친구는? C 저요. T ○○이가 토끼가 되어 보도록 하자. C 네. T 그러면, 우리는 다 같이 어떤 이야기를 해 볼 수 있을까? 계속해서 '흰 눈이 펄펄 내리는 추운 겨울이 되면' 이라고 얘기하고 있지. 선생님이 들고 있는 악기의 소리가 나면 우리 같이 이 부분을 큰 소리로 말해 보자. C 네.	

<table>
<tr><th>전개 방법</th><th>활동 내용</th><th>유의점 및 준비물</th></tr>
<tr><td>전개</td><td>T·C 흰 눈이 펄펄 내리는 추운 겨울이 되면….
C1 너는 무엇을 먹고 살아?
C(토끼) 나는 당근, 시금치, 풀을 먹고 살아.
T·C 흰 눈이 펄펄 내리는 추운 겨울이 되면….
C2 너는 어디에 살아?
C(토끼) 나는 땅굴 속에 살아.
T·C 흰 눈이 펄펄 내리는 추운 겨울이 되면….
C3 너는 무엇을 입고 살아?
C(토끼) 나는 털옷을 입고 살아.
T 친구들이 다람쥐, 두더지, 종달새, 토끼 등이 되어 보았는데 두더지 친구의 표현은 어땠어?
C 목소리가 낮았어요./흙을 파는 것 같았어요.
T 두더지를 표현한 ○○이는 □□ 같았구나. 다람쥐가 되어 본 친구의 몸짓은 어땠어?
C 도토리를 먹는 것 같았어요.
T 다람쥐를 표현한 ○○이는 □□ 같았구나. 종달새가 되어 본 친구의 표현은 어땠어?
C 날아다니는 것 같았어요.
T 종달새를 표현한 ○○이는 □□ 같았구나. 토끼가 되어 본 친구의 표현은 어땠어?
C 토끼처럼 뛰는 것 같았어요.
T 친구들이 정말 잘 표현해 주었지. 방금 이 이야기가 담긴 노래가 있대. 한번 들어 보자.
C 네.
(교사는 피아노로 선율을 연주하면서 이야기를 읽듯이 노랫말을 읊조린다.)
T 이번에는 선생님이 이 이야기를 노래로 불러 볼게.
C 네.
(노래를 듣는다. 교사가 노래를 부른다.)
T 이번에는 선생님과 함께 불러 보자.
(노래를 부른다. 노랫말을 지원한다.)
C 네.
T '토끼야, 추운 겨울에 넌 뭘 먹고 살아.' 하고 물어봤는데 토끼가 뭐라고 대답했을까?
C 모르겠어요.</td><td></td></tr>
</table>

전개 방법	활동 내용	유의점 및 준비물
전개	T 토끼의 대답을 노래로 불러 볼게. C 네. T 토끼가 대답한 이야기를 같이 노래 불러 보자. 선생님이 노랫말을 도와줄게. (노래를 부를 때 노랫말을 지원한다.) C 네. T 토끼가 아까 뭐라고 대답했어? C 엄마, 아빠가 여름에 모아 둔 먹이가 있대요. T 그래. 엄마, 아빠가 여름에 모아 둔 먹이가 있다고 했지. 이제 1절과 2절을 나누어서 불러 보자. 어떻게 나누어서 부르면 좋을까? C 첫 번째 줄, 두 번째 줄 나누어서 해요. 앞줄에 앉아 있는 친구들이 뒤돌아 앉아서 서로 마주 보고요. T 좋은 생각이야. 첫 번째 줄에 앉아 있는 친구들은 토끼한테 노래 부르며 물어보고, 두 번째 줄에 앉아 있는 친구들은 토끼한테 대답하는 부분을 노래 부르자. T 선생님이 노랫말을 도와줄게. (유아가 노래를 부를 때 노랫말을 지원) T 물어보고 대답하는 노래를 부르며 궁금한 것들을 모두 잘 알게 되었구나. '토끼야 흰 눈이 펄펄 내리는 추운 겨울이 되면 무엇을 먹고 살아.'라고 물어보았는데 토끼는 겨울이 되어도 엄마, 아빠가 여름 동안 모아 놓은 맛있는 먹이가 얼마든지 있다고 말만으로 대답하지 않고 노래로 답할 수 있었네. 그리고 토끼한테 물어보는 부분과 토끼가 대답하는 부분이 있었는데 이렇게 물어보고 대답하는 노래가 있대.	
마무리	T 그런데 또 궁금해. 종달새가 무엇을 궁금해했더라? C '흰 눈이 펄펄 내리는 추운 겨울이 되면 토끼야 어디서 살아?' 이렇게 종달새가 물어봤어요. T 그랬더니 토끼가 뭐라고 그랬어? C '겨울에 춥기 때문에 땅속에 깊은 굴에서 살아.' 이랬어요. T 그러면 선생님이 종달새가 되고 너희들이 토끼가 되어서 답해 볼까? 먼저 선생님이 물어볼게. C 네.	

전개 방법	활동 내용	유의점 및 준비물
마무리	T 토끼야 토끼야, 산속의 토끼야. 겨울이 되면 어디에서 사느냐? 흰 눈이 내리면 어디에서 사느냐? T·C (노랫말 지원) 자, 다 같이 '겨울이 되어도 걱정이 없단다. 엄마가 아빠가 여름 동안 지어 놓은…. (아이들에게 귀 대고 경청 제스처) C 구불구불 땅굴이 얼마든지 있단다. T 뭐라고? 뭐라고 노래했어? 내일 우리가 생각한 이야기를 노랫말로 만들어서 불러 보자. C 네.	
유의점	• 교사의 표정, 목소리 등을 통하여 노래의 정서와 분위기가 유아들에게 잘 전달되도록 한다. • 노래를 듣고 유아가 자신의 느낌 등을 자유롭게 표현할 수 있도록 유도한다.	
확장 활동	• 동요 '산토끼야' 노랫말의 일부분을 개사하여 불러 본다.	

3차 활동계획안에 대한 생각 모으기

♫ 도입

- 동화구연을 통한 다양한 동물 이야기로 아이들의 집중을 이끌어 내서 좋았다.
- 직접 눈을 뿌리고 땅속까지 연결시키는 것이 좋았다.
- 막대인형을 사용하는 것보다 테이블 인형을 만들어서 손쉽게 이동할 수 있게 하면 더 좋을 것 같다.
- 인형극 틀을 이용해서 낮은 테이블 위에 올려놓고 선생님은 바닥에 앉아서 아이들의 눈높이에 맞춰 동화구연을 하는 방법도 있다.
- PPT로 동화구연을 한다면 깔끔하게 할 수 있을지는 몰라도 동화구연의 생동감을 연출하기는 힘들다.

♫ 전개

- 다른 활동으로 계속 다양한 방법으로 '산토끼야' 노래를 배우는 과정이 자연스럽고 재미있었다.
- '흰 눈이 펄펄 내리는 추운 겨울날' 부분을 반복한다는 것을 쉽게 알려 주기 위해 핸드벨을 사용해서 종이 울릴 때마다 아이들이 따라 할 수 있었다.
- 극 활동을 통해 동요 산토끼야 내용을 아이들이 쉽게 숙지할 수 있어서 좋았다.

♫ 마무리

- 상상한 이야기로 노랫말을 바꾸어 불러 볼 수 있어서 좋았다.

♫ 활동 목표

- 설정된 활동 목표가 수업 과정에서 적합하게 실천되었다.
- 단순한 노래 지도가 아닌 도입 부분에서 동요 가사를 담은 동화구연을 만들어 활용하여 매끄러운 수업의 흐름이 가능하였고, 신체 활동과 통합되었다.

9

음악극

음악극 활동은
음악, 동작, 미술, 사회 및 정서, 과학, 기술, 의사소통 과정이
상호 융합되는 과정에서
문제해결 능력과 창의적 사고를 배양한다.

1 음악극

음악극은 동화, 동시의 내용 또는 주제에 관련된 내용을 극화하거나 노래극으로 구성하는 창작극에 속한다(교육부, 1998). 일반적으로 음악극은 음악 감상하기, 노래 부르기, 악기 연주하기, 동작으로 표현하기를 통합한 교육 활동으로 이해될 수 있으나, 이외에도 인물의 성격 분석, 상황 분석, 대사·소품·효과음 만들기, 미술무대 배경, 조명, 과학 활동, 문학 활동, 작사, 작곡 등 광범위하게 통합되어 이루어지는 활동 과정은 창의적이고 융합적인 경험을 이끌게 된다.

♬♪ 숲속 작은 집(Little Cabin in the Wood)

숲속 작은 집 창가에 작은 아이가 섰는데
토끼 한 마리가 뛰어와 문 두드리며 하는 말
여보세요 여보세요
나 좀 살려 주세요
나를 살려 주지 않으면
포수가 나를 빵 쏜대요
작은 토끼야 들어와 편히 쉬어라

이 동요는 어린 시절 누구나가 즐겨 부르는 노래이다. 이야기 구성이 재미있을 뿐 아니라 그 안에 내포된 노래와 신체 동작, 악기 연주를 통합하여 음악극 놀이로 표상할 수 있는 특성을 지니고 있는 곡이기 때문이다.

토끼가 포수에게 쫓기는 긴박한 상황에서의 표정과 목소리 표상하기, 토끼의 대사, 토끼가 급히 뛰어오는 동작, 문 두드리는 소리와 총소리 등 상황별 효과음 만들기, 편히 쉬라는 메시지를 전해 주며 숨겨 주는 상상에서 발현되는 공감적 대사 구성, 무대배경 만들기숲속 상황과 작은 집, 창문, 의상 만들기, 초대장과 홍보물 만들기 등 한 달 여 이상의 프로젝트 활동으로 전개된다.

숲속 초막집

작사 미상
외국곡

음악극 활동은 음악, 동작, 미술, 사회 및 정서, 과학, 기술, 의사소통 과정이 상호 융합되는 과정에서 문제해결력을 강조하는 활동으로, 창의적 융합인재 양성을 위해 융합적 사고와 문제해결 능력을 배양하는 STEAM교육[2]과 같은 맥락에서 이해될 수 있다.

이연승(2013)은 통합적integrative, 주제 중심theme-centered, 질문 중심inquiry- based, 탐구 중심exploratory, 실제에 기반한reality-based 학습, 구성주의 교육constructivism 등 유아교육의 방향성과 STEAM의 방향성이 크게 이질적이지 않으며, 김민정(2013) 또한 과학기술에 대한 흥미와 이해 증진, 융합적 사고 증진, 문제해결력 배양 등 STEAM 교육의 핵심 요소가 잘 충족되고 있음을 설명하고 있다.

영유아기 음악극 활동의 창의·융합적 특성을 살펴보면 다음과 같다.

---

2) 과학기술에 대한 학생들의 흥미와 이해를 높이고 과학기술 기반의 융합적 사고와 문제해결 능력을 배양하는 교육(교육과학기술부, 2012)

① 유아의 자연스러운 놀이로 진행되기에 자율적이며 능동적인 참여가 가능하다.
② 의사소통 능력과 나눔, 배려, 협력 등 사회성 발달, 정서 발달과 언어 발달 등 제 발달이 이루어진다.
③ 주어진 상황에서 문제를 해결하며 창의성과 문제해결력이 향상된다.
④ 음악과 동작, 미술 활동을 통합한 예술 활동이 구성된다.
⑤ 지속적으로 소리를 탐구하고 물리적 변화와 화학적 변화 과정을 탐구하는 과학 활동을 포함한다.
⑥ 극의 형태로 활동하는 과정에서 대사와 의성어, 의태어 표현, 노랫말 구성 등 언어 발달이 향상된다.
⑦ 상황에 기반한 정서 조절이 가능하다. 좌절 상황에서 충동 통제와 지연 만족, 기분 상태나 스트레스로 인해 합리적인 사고를 압박하지 않으며 타인에 대한 감정이입, 공감능력이 발달한다.
⑧ 인물의 성격, 태도 분석, 내적인 동기 및 가치관을 형성하는 과정에서 창의적 인성을 키울 수 있다.
⑨ 음악 구성요소의 개념에 대한 이해가 증진되고 소리 탐색, 질적인 감상, 노래 부르기, 악기 연주 등을 통해 음악 능력이 향상된다.
⑩ 신체표현 시 공간 이해, 동선 계획 등을 통하여 공간지능이 발달된다.

2 음악극 지도 방법

음악극 활동은 기존의 동극처럼 동화의 내용이나 대사의 재현에 중점을 두는 것이 아니라 대사나 행동, 음악적 표현, 배경구성 등을 유아 스스로 다양한 방법으로 표현하는 데 초점을 두는 과정 중심 활동이다(전정희, 2010).

유아의 창의적 사고에 기초하여 첫째, 극적인 요소 탐색하기, 둘째, 표현하기, 셋째, 감상하기, 넷째, 평가하기의 과정이 심화·확장 활동을 거쳐 프로젝트 접근으로 이루어진다. 표현하기 단계에서 유아들은 노래, 악기 연주, 신체표현, 음악창작뿐 아니라 이야기 만들기, 대사 만들기, 인물 및 상황 분석, 노랫말 개사하기, 편곡하기, 동작 만들기, 무대 배경 만들기, 의상 및 소품 만들기, 효과음 만들기, 조명 비추기 등 다학문적 접근이 이루어진다. 유아의 발달 수준과 흥미를 고려한 구체적인 지도 방법은 다음과 같다.

① 유아가 평소 즐겨 부르는 동요나 친숙하게 알고 있는 내용의 동화를 대상으로 시작한다.

예 동요: 비행기, 산토끼, 산중호걸, 개미 한 마리, 산토끼야

동화: 『토끼와 거북이』, 『심청전』, 『흰나비의 눈물』, 『꼬마 검둥이 삼보』

〈표 9-1〉 생활 주제에 따른 음악극 목록

생활 주제	동물	가족·이웃·친구	세계 여러 나라, 우리나라	계절	
음악극	세 마리 곰	쥐순이의 결혼	꼬마 검둥이 삼보	봄	아기 돼지 열두 마리, 흰나비의 눈물
	아기 토끼 존	뚱보아줌마	백설공주와 난쟁이		
	브레멘 음악대	털보 아저씨	떠버리 계란구이		
	늑대와 일곱 마리 아기 양	선녀와 나무꾼	인디언 이야기	여름	사랑의 빛
	원숭이와 모자장수	콩쥐 팥쥐	아기 코끼리 덤보	가을	밀알을 누가 심었을까
	황금 거위	효성스런 호랑이	혹부리 할아버지		
	별주부전	서울쥐와 시골쥐	흥부와 놀부	겨울	꼬마 산타

출처: 심성경 외(2016).

② 노래 또는 동화의 극적 요소에 서서히 관심과 흥미를 갖도록 안내하면서 자연스럽고 점진적인 과정으로 진행되게 돕는다.

③ 교사가 주도하기보다는 유아 스스로 노래 부를 부분을 정하거나 대사가 필요한 부분을 찾고 만들어 보도록 한다. 이때 또래들과 활발한 의사소통이 이루

어지게 되며 창의적인 아이디어를 모으게 될 것이다.

④ 인물과 상황 분석을 통하여 목소리 크기, 호흡, 잠깐 쉬기, 음색, 박자 등을 조절할 수 있도록 격려한다.

⑤ 유아는 음악을 듣고, 노래 부르면서 신체 표상하기를 즐긴다. 유아들이 원하는 방법으로 동작을 표현할 수 있도록 적절한 음악을 지원하고, 필요시에는 소도구를 제공한다.

⑥ 유아의 생각과 감정을 음악으로 표현하고 노래로 표출함에 있어서 교사는 몰입하고 수용하는 태도로 적극적으로 지지하여야 하며, 교사의 개입이 필요하면 유능한 또래로서의 역할을 담당하며 동행한다.

⑦ 음악극 표현과 감상 단계에서는 형성평가를 통하여 탐색 – 표현 – 감상 – 평가의 과정 중심 활동이 연속해서 순환되는 과정으로 진행되도록 한다. 안경숙·김소향·박진성(2008)은 유아의 생각과 비평, 재해석으로 이루어지는 과정 중심 음악극 구성이 유아의 음악 능력과 창의성 발달에 영향을 준다고 하였다.

⑧ 음악 활동과 더불어 미술, 건축, 조각 등 예술교육 활동이 진행됨으로써 다양한 생활 주제 안에서 음악, 이야기 나누기, 움직임과 춤으로 재창조되는 음악극의 특성을 강조하는 장기 프로젝트로 진행하는 것이 적절하다.

⑨ 때로는 동영상 촬영을 통하여 감상 기회를 제공하고 비평하도록 함으로써 더욱 질 높은 수준의 음악극 활동을 할 수 있도록 격려한다.

⑩ 1년에 1~2회 음악극 공연을 계획하고 유아의 가족과 지역사회 인사, 이웃을 초청하는 기회를 갖는다. 초청장, 공연장 안내도, 음악극 진행 팸플릿 등을 직접 제작해 보도록 한다. 또한, 프로젝트 진행 과정을 담은 동영상 제작과 상영을 통하여 1회용으로 그치는 발표회의 의미가 아닌 유아들이 스스로 참여하여 이루어 낸 '과정'의 의미를 드러내는 데 주안점을 두고 즐기도록 한다.

다음은 『꼬마 검둥이 삼보』 이야기를 기초로 구성한 음악극 활동계획안이다.

활동 9-1 음악극 활동계획안

<table>
<tr><td>생활 주제</td><td>세계 여러 나라</td><td>주제</td><td colspan="3">'행복한 삼보' 음악극 활동하기</td></tr>
<tr><td>소주제</td><td>우리나라와 다른 나라</td><td>연령</td><td colspan="3">만 5세</td></tr>
<tr><td>활동명</td><td>삼보와 함께 삼비디 삼비디 부♪</td><td>집단 형태</td><td>대집단</td><td>소요시간</td><td>20분</td></tr>
<tr><td>활동 목표</td><td colspan="5">• 다양한 방법(강약 조절, 속도 변화 등)으로 노래 부르며 상상력을 기른다.
• 음악 표현 기법을 알고 경험해 본다.
• 호랑이와 삼보 역할을 통하여 타인의 감정에 공감하는 태도를 갖는다.</td></tr>
<tr><td>활동 자료</td><td colspan="5">• 피아노, 악보, 조형물(나무, 바위), 조끼, 바지, 우산, 양말, 수첩, 볼펜</td></tr>
<tr><td>사전 활동</td><td colspan="5">• 그림책 읽기(『꼬마 검둥이 삼보』 줄거리 파악 완료)
• 음악극 1차 수업</td></tr>
<tr><td>활동 전개</td><td colspan="3">활동 내용</td><td colspan="2">활동 자료 및 유의점</td></tr>
<tr><td>도입</td><td colspan="3">① 지난 시간에 했던 1차 음악극 활동을 되돌아보기
▸ 교사가 먼저 〈장면 1. 삼보, 엄마, 아빠 세 식구 손 잡고 나온다〉 부분을 피아노를 치며 노래 부르기 시작한다.
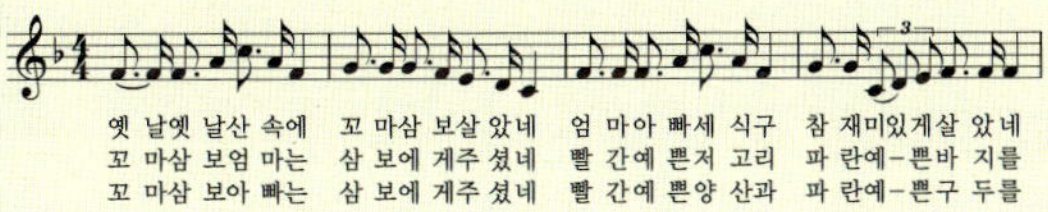

T 얘들아, 우리 지난 시간에 삼보가 엄마, 아빠에게 선물을 받고 신나게 숲속을 걷는 장면을 표현해 보았어. 노래를 들으니까 기억나지?
T 선생님이 다음 장면을 이야기해 줄게. 잘 들어 봐.

▸ 〈장면 2. 삼보는 빨간 저고리와 파란 바지를 입고 파란 구두를 신고 빨간 양산을 펴들고서 산속을 스키핑하며 돌아다닌다〉를 스토리텔링한다('장면 1' 부분의 잔잔한 피아노 반주 소리를 배경으로).
(신이 난 삼보가 숲속에서 스키핑하는 장면에 어울리는 곡을 피아노로 연주한 후 자연스럽게 내레이션한다.)
T 삼보는 엄마와 아빠에게 선물을 받은 빨간 저고리와 파란 바지를 입고 파란 구두를 시고 빨간색 양산을 펴 들고서 숲속을 돌아다니고 있는데….</td><td colspan="2">피아노, 악보,
조형물(나무, 바위)</td></tr>
</table>

활동 전개	활동 내용	활동 자료 및 유의점
전개 1	**① (감정 없이 노래 자체만 전달하며) 〈장면 ㄱ. 호랑이가 나타난다〉 반주에 맞추어 교사가 먼저 노래한다.** T 삼보야 삼보야, 너를 잡아먹으련다. 어흥 어흥. **② 노래를 들은 후 호랑이의 태도와 행동에 대해 이야기하며 감정이입해 본다.** T 갑자기 누가 나타난 걸까? C 음…. 호랑이요. T 그래. 이 장면에서는 호랑이가 '어흥' 하고 나타났어. 갑자기 삼보 앞에 호랑이가 왜 나타난 걸까? C 삼보의 조끼가 너무 예뻐서 그걸 빼앗으려고요./신발도요. T 엄마, 아빠가 주신 소중한 선물들이었지. 얼마나 아끼고 기대하던 선물이었을까. 그런데 호랑이가 삼보의 선물을 빼앗으려고 해. 호랑이는 어떻게 행동할까? 선생님이 조금 전 노래를 불렀던 것처럼 하면 빼앗을 수 있을까? C 아니요. T 그럼 어떻게 해야 할까? C 무섭게요./소리를 질러요. T 그러면 선생님이랑 같이 노래를 다시 불러 볼까? C 네. **③ (목소리는 크고 무서운 감정을 넣어 부르고, 피아노는 격렬한 감정을 넣어서 빠르게 반주하며) 〈장면 ㄱ. 호랑이가 나타난다〉 장면을 반주에 맞추어 교사와 유아들이 다시 한번 불러 본다.** (반주에 맞추어 교사와 유아들이 노래한다.) T 이렇게? C 네, 맞아요! **④ 유아들과 함께 노래하며 표현해 본 '호랑이'를 몸짓과 함께 표현해 보도록 한다.** 1) 호랑이의 '위치 변화'에 주목하며(일어나서 움직이며) T 호랑이가 삼보에게 더 겁을 주려면 어디에서 나오는 것이 좋을까? C 숲에서요./나무 뒤에서 나와요./피아노 뒤에서 나와요.	피아노, 악보, 조형물(나무, 바위)

활동 전개	활동 내용	활동 자료 및 유의점
전개 1	T 그래. 그런 곳에서 호랑이가 나오면 삼보가 정말 무서울 거야. 우리가 호랑이가 되어 보자. 교실은 숲이라고 생각해 보고, 여기 우리가 만든 나무와 바위가 있어. C 좋아요. T 누가 호랑이가 되어 볼까? 원하는 사람은 누구든지 해도 좋아. 몇 명이어도 상관없어. C 제가 할게요./저요./저도 할래요. T 그래 Ⓐ, Ⓑ, Ⓒ가 자유롭게 호랑이가 되어, 여기저기서 나타나 볼까? 선생님이랑 우리 친구들은 다 같이 피아노 반주에 맞추어 노래를 불러 보자. (호랑이를 표현하며 다 함께 〈장면 ㄱ. 호랑이가 나타난다〉를 노래 부른다.) **2) 호랑이의 '세부 행동 변화'에 주목하며** T 자, 다들 제자리에 앉아 보자. 다들 너무 멋있는걸! 호랑이도 정말 무서웠어. 또 호랑이를 무섭게 표현할 수 있는 다른 방법은 뭐가 있을까? 슬금슬금 천천히 걸어오는 호랑이는 어떨까? C 저는 뛰어오면 무서울 것 같아요./저도요./저는 가만히 있다가 달려드는 호랑이요. T 방금 의견을 이야기해 준 Ⓓ, Ⓔ, Ⓕ가 호랑이가 되어 보자. 조금 전에는 호랑이가 나타나는 장소를 다르게 했는데, 이번에는 호랑이가 어떻게 행동하면 더 무서울지 생각해 보고 더 무서운 호랑이가 되어 보자. 다른 친구들은 더 무섭게 노래하는 호랑이가 되어서 노래 불러 보고. (호랑이를 표현하며 다 함께 〈장면 ㄱ. 호랑이가 나타난다〉를 노래 부른다.) **3) 호랑이의 '말'에 주목하며 (앉은 자리에서)** T 다시 제자리에 앉아 보자. 정말 무서운 호랑이들인걸. 그런데 선생님이 생각해 봤는데, 호랑이가 말을 하면서 다가오면 더 무서울 것 같은데 너희들 생각은 어떠니? C 그럴 것 같아요.	

활동 전개	활동 내용	활동 자료 및 유의점
전개 1	T 선생님은 선생님의 소중한 물건을 가져간다고 하면서 다가오면 더 무서울 것 같아. "너의 빨간 저고리를 내놓지 않으면 널 잡아먹어 버릴 거야!" C 어! 무서워요, 선생님. T 호랑이가 되어서 누가 말해 볼까? C 저요. T 그래. ○○이가 호랑이가 되어 보자. ○○호랑이는 그 자리에 앉아서 친구들이 노래를 부르면, 노래 마지막 부분에서 자신이 생각하는 무서운 말을 하면서 나타나 볼까? C 네. (호랑이를 표현하며 다 함께 〈장면 ㄱ. 호랑이가 나타난다〉를 노래 부른다.) T 정말 이런 호랑이가 나타났다면 삼보는 어떻게 했을까?	
전개 2	**① 〈장면 ㄴ. 삼보는 겁에 질려 울며 옷을 한 가지씩 호랑이에게 벗어 준다〉를 반주에 맞추어 교사가 먼저 노래한다.** T 호랑이 아저씨, 잉잉잉. 이걸 줄게 살려 주세요. 잉잉잉. ♬ **② 노래를 들은 후 삼보의 심정에 대해 유아들과 이야기 나눈다(두 번 정도 반복하며 울음소리와 행동을 다양하게 표현해 본다).** **1) 삼보의 행동에 주목하며** T 이런 호랑이가 나타났을 때 삼보는 어떤 기분이었을 것 같아? C 정말 무서울 것 같아요. T 우리가 무섭다고 느끼면 어떤 행동이 나올까? C 무서우면 몸이 떨리니까 벌벌 떨면서 있을 것 같아요. T 그러면 벌벌 떠는 모습을 어떻게 몸짓으로 나타낼 수 있을까? C 이렇게 몸을 작게 만들면서 몸을 떨 것 같아요. (유아가 몸짓으로 벌벌 떠는 모습을 표현한다.) T ○○이가 이렇게 표현해 주었는데, 우리 다 같이 ○○이처럼 나타내면서 노래를 불러 보자. (다 같이 벌벌 떠는 모습을 표현하며 〈장면 ㄴ〉을 노래한다.)	피아노, 악보, 조형물(나무, 바위)

<table>
<tr><th>활동 전개</th><th>활동 내용</th><th>활동 자료 및 유의점</th></tr>
<tr><td>전개 2</td><td>2) 삼보의 목소리에 주목하며
T 우리가 이렇게 다 함께 벌벌 떠는 삼보가 되어 봤는데 정말 무서웠지? 너무 무서워서 옷을 하나씩 하나씩 다 벗어 주면서 살려달라고 빌었겠지. 그런데 무서우면 몸도 덜덜 떨리지만, 목소리는 어떻게 될까?
C 호랑이가 진짜 무서우니까 목소리도 안 나올 것 같아요!
T △△이가 말한 것처럼 우리도 다 같이 겁에 질린 삼보의 상황을 목소리로 나타내며 노래 불러 보자.
(다 같이 〈장면 ㄴ〉을 노래하며 삼보의 목소리를 표현한다.)
T 우리가 호랑이와 삼보의 상황에 맞게 특징을 살려서 호랑이도 되어 보고 삼보도 되어 보았는데, 노래와 대사와 동작을 모두 다 합쳐서 다 같이 해 볼까?</td><td></td></tr>
<tr><td>전개 3</td><td>① 〈장면 ㄱ, ㄴ〉을 하기 위해 호랑이, 삼보 역할을 정한다(각 4명씩).
T 삼보가 호랑이한테 조끼도 벗어 주고, 바지도 벗어 주고, 신발도 벗어 주고, 양산도 줬는데, (우리가 호랑이 역할을 정하려면) 몇 마리의 호랑이가 필요하지?
C 네 마리요.
T 1번 호랑이는 누가 해 볼래?
CⒶ 저요.
T 그럼 2번 호랑이는 누가 해 볼까?
CⒷ 제가 할래요.
T 3번 호랑이는?
CⒸ 저요.
T 마지막으로 4번 호랑이는 누구?
CⒹ 저요.
T 그래, 그럼 1번 호랑이 Ⓐ는 어디서 나올 거야?
CⒶ 나무요.
T 호랑이 줄무늬가 나무 기둥이랑 비슷해서 삼보를 더 깜짝 놀랄 수 있다고 생각했구나.
CⒶ 네.
T 2번 호랑이 Ⓑ는 어디서 준비하고 있을 거야?
CⒷ 저는 피아노 뒤요.</td><td>피아노, 악보, 조형물(나무, 바위), 조끼, 바지, 우산, 양말, 수첩, 볼펜</td></tr>
</table>

활동 전개	활동 내용	활동 자료 및 유의점
전개 3	T 호랑이의 큰 몸집을 숨기기 위해 피아노 뒤에 숨으려고 했구나. CⒷ 네. T 3번 호랑이 Ⓒ는 어디서 나올 거야? CⒸ 음…. 저는 친구들 사이에 앉아 있다가 나올 거예요. T 오. Ⓒ는 삼보에게 호랑이인 것을 숨기고 싶었구나? CⒸ 네. T 4번 호랑이 Ⓓ는 어디서 준비할 거야? CⒹ 바위 뒤요. T Ⓓ는 바위 뒤에 호랑이의 몸을 숨길 수 있다고 생각했구나? CⒹ 네.	
	T 1번 삼보는 누가 되어 볼 거야? C 저요. T 1번 삼보는 호랑이를 만나기 전에 숲속에서 무엇을 하고 있었지? C 신나게 숲속을 사뿐사뿐 뛰어다니고 있었어요. T 그랬지? 그럼 1번 삼보는 사뿐사뿐 뛰어다니면서 등장하면 되겠다. 다음으로 2번 삼보는 누가 해 볼까? C 저요. T 3번 삼보는 누가 되어 볼까? C 제가 할래요. T 마지막으로 4번 삼보는 누가 되어 볼래? C 제가 하고 싶어요.	
	② 〈장면 ㄱ, ㄴ〉을 4회(조끼, 바지, 양산, 구두) 반복하며, 역할들을 평가한다. (각 호랑이와 삼보를 번호별로 묶어 주고 잘 진행될 수 있도록 한다.) T 이제부터 호랑이와 삼보의 장면을 처음부터 끝까지 다시 불러 보자. C 네.	
	T 먼저 1번 호랑이와 1번 삼보가 시작해 보자. (피아노 반주 시작) 앉아 있는 친구들도 같이 노래를 부르면서 참여해 보자.	

활동 전개	활동 내용	활동 자료 및 유의점
전개 3	(1번 호랑이, 1번 삼보 역할 진행) ⇨ 삼보(빨간 조끼) 먼저 등장 + 호랑이 등장 T 2번 호랑이와 2번 삼보 나와서 시작해 보자. (2번 호랑이, 2번 삼보 역할 진행) ⇨ 삼보(파란 바지) + 호랑이 T 3번 호랑이와 3번 삼보 나와서 시작해 보자. (3번 호랑이, 3번 삼보 역할 진행) ⇨ 삼보(빨간 양산) + 호랑이 T 마지막으로 4번 호랑이와 4번 삼보 나와서 해 보자. (4번 호랑이, 4번 삼보 역할 진행) ⇨ 삼보(파란 양말) + 호랑이 T (호랑이, 삼보 역할을 해 준 유아의 이름을 부르면서) 호랑이, 삼보 역할을 잘해 줘서 고마워. 우리 멋진 호랑이와 삼보 역할을 해 준 친구들에게 박수 쳐 주자. C 네. (모든 유아가 호랑이와 삼보 역할을 해 보도록 한다.)	
마무리	**① 음악극 활동을 마무리한 후 삼보를 위해 할 수 있는 일에 대해 이야기한다.** T 얘들아, 이렇게 삼보가 호랑이 아저씨에게 잡아먹히지 않으려고 조끼도 벗어 주고 양산도 내어 주고 결국에는 새로 선물로 받은 옷을 모두 빼앗겨 버렸어. 삼보가 정말 속상했겠지? C 네. T 삼보를 도와줄 수 있는 방법에는 무엇이 있을까? C 지난번에 신데렐라 뮤지컬에서 소원을 이루어 주는 주문을 배웠어요. '비비디 바비디 부' 주문을 불러서 삼보를 살려 달라고 소원을 빌어줘요. T 신데렐라 뮤지컬에 나왔던 '비비디 바비디 부' 주문이 인상 깊었구나? '비비디 바비디 부'를 불러 주는 것도 좋은 생각이다. C 그런데 삼보니까 '삼비디 삼비디 부'로 주문을 넣어서 불러요.	피아노, 악보, 조형물(나무, 바위)

활동 전개	활동 내용	활동 자료 및 유의점
	T 와! 재미있는 생각이네. 그러면 선생님이 노래를 불러 줄게. 노래의 어느 부분에 주문을 넣는 것이 좋을지 생각해 보자. (교사가 〈장면 ㄴ. 삼보는 겁에 질려 울며 옷을 한 가지씩 호랑이에게 벗어 준다〉를 불러 준다.) T 호랑이 아저씨, 잉잉잉. 이걸 줄게 살려 주세요. 잉잉잉. ♬ T 어느 부분에 넣는 것이 좋다고 생각했어? C 노래의 맨 뒤에 넣는 게 좋을 것 같아요. T 정말 좋은 생각이다. 주문과 함께 다 같이 노래 불러 보자. (주문을 마지막 부분에 넣어 〈장면 ㄴ. 삼보는 겁에 질려 울며 옷을 한 가지씩 호랑이에게 벗어 준다〉를 노래 부른다.) T 우리의 힘을 더 받으라고 '삼비디 삼비디 부'를 아까보다 더 큰 소리로 불러 보자. C 삼비디 삼비디 부!! T 좀 더 크게! C 삼비디 삼비디 부!!!	
마무리	**② 삼보가 위기를 벗어나기 위해 할 행동을 상상해 본다.** T 삼보가 힘을 낼 수 있도록 삼비디 삼비디 부를 불러 주었는데 이 주문을 듣고 삼보는 어떤 생각을 했을 것 같아? C 용기를 낼 수 있어요./호랑이에게서 도망칠 방법을 생각해 보았을 거예요. T 그럴 수 있겠다. 만약에 너희가 삼보의 상황이었다면 지금 가진 것이 아무것도 없었을 거야. 이 상황에서 호랑이가 또 나타나서 좋은 것을 주지 않으면 잡아먹는다고 이야기 했어. 너희는 어떻게 호랑이로부터 도망칠 거야? C 음. 그냥 빨리 달려요./호랑이가 좋아하는 케이크를 줘요! T 두 가지 방법을 다 사용해도 좋겠다. 호랑이가 좋아하는 케이크를 준다고 말을 한 뒤, 호랑이가 다른 생각을 하고 있는 틈을 타서 재빨리 도망치는 거지. C 좋아요. T 우리 다음 언어 시간에 방금 말해 본 이야기를 가사로 표현해 보자. 그리고 음악시간에는 오늘처럼 노래를 불러 보면 재미있겠지? C 네.	

10

동요 50곡

동요 50곡은 다음 세 가지 기준에 따라서 엄선하였다.

첫째, 동요의 음역대는 영유아의 노래 부르기에 적절한가.
둘째, 노랫말은 영유아의 발달과 삶에 관련된 흥미와 관심을 유발하는가.
셋째, 리듬, 박자, 형식 등 음악의 구성요소는 영유아의 음악 발달에 적절한가.

동요는 리듬, 선율, 박자, 빠르기 등 음악의 구성요소가 노랫말과 어우러지며, 영유아의 생각과 느낌을 생생하게 담아내고 있다. 동요 속에는 영유아의 시각에서 재미있고 신기하고, 보는 그 자체로 흥미로운 모든 현상이 깃들어 있으며, 영유아의 신남, 놀람, 즐거움과 슬픔 등의 정서가 고스란히 담겨 있다.

동요를 부르며 영유아의 마음을 알아보고 느끼며 영유아의 세계와 친숙해지기를 기대한다.

짝짜꿍

윤석중 작사
정순철 작곡

가위바위보

전래동요

사과 같은 내 얼굴

김방옥 작사
외국곡

엄마 아빠

박경종 작사
김성태 작곡

내 동생

조운파 작사
최종혁 작곡

참 좋은 말

김완기 작사
장지원 작곡

사랑

김성균 작사
김성균 작곡

나는 나는 자라서

황병훈 작사
최종진 작곡

자전거

목일신 작사
김대현 작곡

장난감 기차

작사 미상
작곡 미상

유치원에 갑니다

김성균 작사
김성균 작곡

둥근 해가 떴습니다

작사 미상
용택수 작곡

아기 별

윤태웅 작사
김성도 작곡

괜찮아요

김성균 작사
김성균 작곡

참 재미있었지

김성균 작사
김성균 작곡

솜사탕

정근 작사
이수인 작곡

봄이 왔어요

임인정 작사
임정은 작곡

씨앗

김성균 작사
김성균 작곡

봄비

김성균 작사
김성균 작곡

나무야

강소천 작사
김공선 작곡

숲속을 걸어요

유종슬 작사
정연택 작곡

돌과 물

윤석중 작사
전석환 작곡

어느 날

김성균 작사
김성균 작곡

건너가는 길

김성균 작사
김성균 작곡

우산

윤석중 작사
이계석 작곡

우산

안병원 작사
안병원 작곡

수박 파티

김영광 작사
오상철 작곡

어린 음악대

김성도 작사
김성도 작곡

숲속의 음악가

이요섭 작사
이요섭 작곡

가을길

김규환 작사
김규환 작곡

도토리

유성윤 작사
황익철 작곡

가을바람

김규환 작사
김규환 작곡

허수아비 아저씨

김규환 작사
김규환 작곡

가을

김성균 작사
김성균 작곡

엄마 돼지 아기 돼지

박홍근 작사
김규환 작곡

개구리

김성균 작사
김성균 작곡

올챙이와 개구리

윤현진 작사
윤현진 작곡

아기 새의 눈물

김성균 작사
김성균 작곡

산중호걸

이요섭 작사
이요섭 작곡

산토끼야

강소천 작사
권길상 작곡

악기 놀이

유병무 작사
유병무 작곡

리듬악기 노래

이계석 작사
이계석 작곡

잘잘잘

전래동요

10(열)의 노래

강신욱 작사
이수인 작곡

대문 놀이

작사 미상
작곡 미상

눈

이태선 작사
박재훈 작곡

겨울바람

백순진 작사
백순진 작곡

하얀 나라

김성균 작사
김성균 작곡

우리나라

김성균 작사
김성균 작곡

탄일종

함처식 작사
장수철 작곡

참고 문헌

강보라(2017). 영유아음악교육. 서울: 창지사.

곽영숙(2010). 통합적 음악 감상 활동이 유아의 음악적 개념에 미치는 영향. 이화여자대학교 교육대학원 석사학위논문.

교육과학기술부(2008). 유치원교육과정해설. 서울: 대한교과서.

교육과학기술부(2010). 창의인재와 선진과학기술로 여는 미래 대한민국. 2011년 업무보고. 서울: 교육과학기술부.

교육과학기술부(2012). 2012 융합인재교육 STEAM 학술발표대회.

교육과학기술부 · 보건복지부(2013). 3–5세 연령별 누리과정 해설서. 서울: 교육과학기술부 · 보건복지부.

교육부(1998). 유치원교육과정해설. 서울: 교육부.

교육부(2019). 이야기가 있는 수학 4편: 수학으로 완성된 천상의 선율. 서울: 교육부.

기순신(2013). 융합 인재교육(STEAM)에 기반한 조형 활동이 유아의 창의성에 미치는 영향. 명지대학교 대학원 석사학위논문.

김경선(2013). 세계민속악기탄생설화 – 악기의 기원을 찾아서. 경기: 음악세계.

김광자 · 박영옥(2006). 영유아를 위한 통합적 음악감상활동 방안. 한국영유아보육학, 47, 151-173.

김명순 · 조경자(2001). 유아를 위한 음악 교육의 이론과 실제. 서울: 다음세대.

김민정(2013). 3세 유아를 위한 STEAM 교육활동 방안-음률활동 중심의 창의적 융합인재 교육. 한국유아교육학회 2013 워크숍 자료집, 21-32.

김영연(2002). 유아음악교육론(개정판). 서울: 학지사.

김은정(2002). 탐구적 과학교수 학습법이 소리에 대한 유아의 개념형성 및 탐구 능력에 미치는 영향. 덕성여자대학교대학원 박사학위논문.

김은정 · 신은수(2013). 소리에 대한 유아의 과학적 개념 발달 연구. 미래유아교육연구, 20(2), 165-192.

김지운(2015). 유아음악교육을 위한 액션러닝 기반의 현직교사교육 프로그램모형 개발. 원광대학교 대학원 박사학위논문.

김진영 · 엄정애 · 이승연(2008). 유아교사를 위한 유아음악교육. 경기: 양서원.

김춘일 · 김성혜(2008). 예술가들의 어린 시절. 경기: 교육과학사.

김형재 · 송민서 · 홍순옥(2016). 융합인재교육(STEAM) 기반 유아과학 프로그램이 유아의 창의성 및 과학적 문제해결력에 미치는 영향. 열린유아교육연구, 21(1), 613-640.

김혜경(2009). 영유아음악교육. 서울: 창지사.

나성식(2005). John Dewey의 교육적 경험론에 나타난 통합적 유아교육과정의 의미. 열린유아교육연구, 10(3), 413-442.

노은정(역)(2007). 도레미-최초로 악보를 만든 구이도 다레초 이야기(수잔 L. 로스). 서울: 미래아이.

동아일보(2016. 8. 16). 김선향 교사의 '아하 클래식'.

류덕희·고성휘(1996). 한국동요발달사. 서울: 한성음악출판사.

박은성(2013). 미술·과학 융합교육(STEAM)프로그램이 유아의 창의성 발달에 미치는 효과. 명지대학교 대학원 석사학위논문.

방은영(2008). 유아 음악성 계발을 위한 프로그램 구성 및 적용 효과. 중앙대학교 대학원 박사학위논문.

심성경·이희자·이선경·김경의·이효숙·박주희(2016). 영유아음악교육(제4판). 경기: 양서원.

안경숙·김소향·박진성(2008). 창작이야기 노래를 활용한 유아 주도적 음악극 활동이 유아의 음감 및 리듬감 발달에 미치는 효과. 음악교육연구, 34, 59-85.

안재신(2004). 유아음악교육. 서울: 교육과학사.

엄정애·송정·박미경 (2009). 교사를 통해 본 유치원 현장의 음악교육과 실행의 어려움. 유아교육연구, 29(1), 133-158.

이상교(2007). 불아 불아. 서울: 언어세상.

이숙희(2010). 아동음악과 동작. 서울: 동문사.

이연승(2013). 누리과정에서 STEAM(융합인재교육)의 방향. 유아교육연구, 34(1), 327-341.

이영·유애열(1985). 유아를 위한 음악 활동의 이론과 실제. 서울: 융성출판.

이재언(2011). 경험으로서의 예술. 서울: 책세상.

이정욱·임수진(2010). 탐색·표현·감상의 통합적 미술교육. 경기: 정민사.

이춘자·조인경(2013). 예비교사와 현직교사를 위한 유아 음악교육. 서울: 창지사.

이홍수(1992). 유아교육의 방법-느낌과 통찰의 음악교육. 서울: 세광음악출판사.

임유나(2012). 통합교육과정에 근거한 융합인재교육(STEAM)의 문제점과 개선 방향. 초등교육연구, 25(4), 53-80.

장기범(1989). 음악교육의 새로운 물결. 음악교육 1월호. 서울: 세광출판사.

전정희(2010). 과정중심 음악극 구성 활동이 유아의 창의성에 미치는 영향. 미래유아교육연구, 17(2), 1-22.

조규동(2017). 창의 · 융합프로젝트 아이디어북. 서울: 한빛아카데미.

Campbell, P. S. & Scott-Kassner, C. (2006). *Music in childhood: From preschool through the elementary grades* (3rd ed.). New York: Schirmer Books.

Dewey, J. (1938). *Experience and Education*. New York: Macmillan Company.

Dewey, J. (2019). 존 듀이의 경험과 교육 (엄태동 역). 서울: 박영사. (원서 1938년 출판)

Eliason & Jenkins, L. (2003). *A Practical Guide to Early Childhood Curriculum*(6th ed.). Perarson Education Inc. Upper Saddle River. N.J.: Merill Prentice-Hall.

Gordon, E. E. (1990). *Guiding you child's musical development*. Chicago: GIA.

Greenberg, M. (1979). *Your children need music*. Englewood Cliffs. N.J.: Prentice-Hall.

Greenberg, M. (1985). 유아음악교육 (이기숙 · 김영주 공편). 서울: 교문사. (원서 1979년 출판)

Haines & Gerber, L. (1996). *Leading young children to music* (5th ed.). Columbus, O.H.: Charles E. Merrill Publishing.

McIntyre, M. (1981). The sounds of Music. In M. McIntyre(1984), *Early childhood and science*. Washington, D.C.: National Science Teachers Association.

Mehler, J., Jusczyk, P. W., Lambertz, G., Halsted, N., Bertoncini, J., & Amiel Tison, C. (1988). A precursor of language acquisition in young infants. *Cognition*, *29*, 132-178.

Meyer, L. B. (1991). 음악의 의미와 정서(신도웅 역). 서울: 예솔. (원서 1956년 출판)

Pink, D. H. (2011). 새로운 미래가 온다(김명철 역). 서울: 한국경제신문사. (원서 2006년 출판)

Stellaccio, C. K. & McCarly, M. (1999). Research in early childhood education. In C. Seefeldt(Eds.), *The early childhood curriculum* (3rd ed.)(pp. 179-200). New York: Teacher College Press.

가송공방 홈페이지(www.dg2000.net.)에서 정간보 인출.

고려대한국어대사전(2009).

위키피디아(https://ko.wikipedia.org)에서 음성 인출.

창녕구청 홈페이지(http://www.cng.go.kr)에서 이일래 인출.

OBM 스피치 아카데미. Youtube: 보이스 컨설턴트 손수오 교수의 좋은 목소리 만들기 특강 11 발성기관(https://www.youtube.com/watch?v=dJGRKsZd7dU)에서 인출.

https://blog.naver.com/ygm2000/150088090606에서 정간보 음의 길이 표시 인출.

저/자/소/개

한규령

이화여자대학교 사범대학 교육학과 유아교육 전공 졸업(문학사)
이화여자대학교 대학원 교육학과 유아교육 전공 졸업(문학석사)
서울여자대학교 대학원 아동학과 유아교육 전공 졸업(문학박사)
이화여자대학교 사범대학 부속이화유치원 교사 역임
교육청 장학위원 역임
현) 백석대학교 사범학부 유아교육학과 교수

창의 · 융합적 놀이를 통한
영유아음악교육

초판 1쇄 인쇄 2019년 11월 1일
초판 1쇄 발행 2019년 11월 7일

지 은 이 | 한규령
펴 낸 이 | 김기섭
편 집 인 | 김민수
펴 낸 곳 | 창지사 www.changjisa.com
08589 서울시 금천구 가산디지털 1로 83 파트너스타워 1차 9층
전화 (02)719-2211~3
팩스 (02)701-9386
등 록 | 1977년 4월 28일 · 제1-421호

ISBN 978-89-426-1269-7 (93370)

값 20,000원 KOMCA 승인필

「이 도서의 국립중앙도서관 출판예정도서목록(CIP)은 서지정보유통지원시스템 홈페이지(http://seoji.nl.go.kr)와 국가자료공동목록시스템(http://www.nl.go.kr/kolisnet)에서 이용하실 수 있습니다.(CIP제어번호: CIP2019051168)」